《中蒙俄国际经济走廊多学科联合考察》

丛书出版得到以下项目资助：

科技基础资源调查专项"中蒙俄国际经济走廊多学科联合考察"项目
（2017FY101300）

中国科学院战略性先导科技专项（A类）"泛第三极环境变化与绿色丝
绸之路建设"项目"重点地区和重要工程的环境问题与灾害风险防控"课题
"中蒙俄经济走廊交通及管线建设的生态环境问题与对策"（XDA20030200）

"十四五"时期国家重点出版物出版专项规划项目

中蒙俄国际经济走廊多学科联合考察

丛书主编 董锁成 孙九林

中蒙俄国际经济走廊多学科联合考察数据编目

杨雅萍 陈晓娜 乐夏芳 等 著

科 学 出 版 社
龙 门 书 局
北 京

内 容 简 介

  本书全景式展示了中蒙俄国际经济走廊多学科联合考察获取的数据，对涉及基础地理、资源环境、社会经济及反映区域特色的数据的基本情况、加工过程和质量控制等信息进行全面、系统的阐述。在内容组织上，本书按照"考察区全域–典型区域–重点城市"的空间尺度和"自然地理–社会经济"的人地和谐视角对考察获取的一手宝贵资料，参照相关标准规范进行数据的汇聚、整合与加工，以突出考察区域特色和项目亮点成果。

  本书对中蒙俄国际经济走廊跨国界、跨区域、多学科、多尺度的数据资源进行系统性、规范性整编，尚属国内首次。本书不仅可以作为中蒙俄科学研究及国际科学家在该区域进行相关科学研究的参考依据，也可以作为高等院校及科研院所地理学、资源科学、环境科学等学科的参考书，可供自然地理、资源管理、环境保护、全球变化与区域可持续发展等领域的研究人员、技术人员和政府部门管理人员使用。

审图号：GS 京（2022）1378 号

图书在版编目（CIP）数据

中蒙俄国际经济走廊多学科联合考察数据编目/杨雅萍等著.—北京：龙门书局，2022.11
（中蒙俄国际经济走廊多学科联合考察/董锁成，孙九林主编）
"十四五"时期国家重点出版物出版专项规划项目 国家出版基金项目
ISBN 978-7-5088-6293-4

Ⅰ.①中… Ⅱ.①杨… Ⅲ.①国际合作-经济合作-研究-中国、蒙古、俄罗斯 Ⅳ.① F125.531.1 ② F125.551.2

中国版本图书馆 CIP 数据核字（2022）第 207483 号

责任编辑：周 杰/责任校对：樊雅琼
责任印制：肖 兴/封面设计：黄华斌

科学出版社
龙门书局 出版
北京东黄城根北街 16 号
邮政编码：100717
http://www.sciencep.com

北京九天鸿程印刷有限责任公司 印刷
科学出版社发行 各地新华书店经销
*
2022 年 11 月第 一 版 开本：787×1092 1/16
2022 年 11 月第一次印刷 印张：14 1/4
字数：340 000

定价：170.00 元
（如有印装质量问题，我社负责调换）

《中蒙俄国际经济走廊多学科联合考察》
学术顾问委员会

主　任　孙鸿烈

副主任　欧阳自远　刘　恕

委　员　叶大年　　石玉林　李文华　刘嘉麒　郑　度

　　　　刘兴土　　方　新　王艳芬　田裕钊　陈　才

　　　　廖小罕　　毛汉英　叶舜赞

项目专家组

组　长　陈宜瑜

副组长　孙九林

专　家　尹伟伦　秦玉才　葛全胜　王野乔　董锁成

《中蒙俄国际经济走廊多学科联合考察数据编目》
撰写委员会

主　　笔　杨雅萍

副 主 笔　陈晓娜　乐夏芳

参与人员（按姓氏拼音排序）

蔡园祥　杜　佳　郭鹏飞　刘　莹　刘杨晓月

刘颖彬　仝　冉　王　颖　王潮腾　王宏智

辛　颖　徐　洋　杨　勃　殷　聪　虞　阳

张刘梦　张寅飞　赵丹云　周胜男

数据贡献者（按姓氏拼音排序）

柏永青　董锁成　黄晓然　家淑珍　姜　侯

李　宇　李泽红　王　颖　王潮腾　王宏智

徐　洋　殷　聪　虞　阳　张树文　赵丹云

总　序　一

　　科技部科技基础资源调查专项"中蒙俄国际经济走廊多学科联合考察"重点项目，经过中蒙俄三国二十多家科研机构百余位科学家历时五年的艰辛努力，圆满完成了既定考察任务，形成了一系列科学考察报告和研究论著。

　　中蒙俄国际经济走廊是"一带一路"首个落地建设的经济走廊，是俄乌冲突爆发后全球地缘政治研究的热点区域，更是我国长期研究不足、资料短缺，亟待开展多学科国际科学考察研究的战略重点区域。因此，该项考察工作及成果集结而成的丛书出版将为我国在该地区的科学数据积累做出重要贡献，为全球变化、绿色"一带一路"等重大科学问题研究提供基础科技支持，对推进中蒙俄国际经济走廊可持续发展具有重要意义。

　　该项目考察内容包括地理环境、战略性资源、经济社会、城镇化与基础设施等，是一项科学价值大、综合性强、应用前景好的跨国综合科学考察工作。五年来，项目组先后组织了15次大型跨境科学考察，考察面积覆盖俄罗斯、蒙古国43个省级行政区及我国东北地区和内蒙古自治区的920万平方公里，制定了12项国际考察标准规范，构建了中蒙俄国际经济走廊自然地理环境本底、主要战略性资源、城市化与基础设施、社会经济与投资环境等领域近300个综合数据集和地图集，建立了多学科国际联合考察信息共享网络平台；获25项专利；主要成果形成了《中蒙俄国际经济走廊多学科联合考察》丛书共计13本专著，25份咨询报告被国家有关部门采用。

　　该项目在国内首次整编完成了统一地理坐标参考和省、地市行政区的1∶100万中蒙俄国际经济走廊基础地理底图，建立了中蒙俄国际经济走廊"点、线、带、面"立体式、全要素、多尺度、动态化综合数据集群；全面调查了地理环境本底格局，构建了考察区统一的土地利用/土地覆被分类系统，在国内率先完成了不同比例尺中蒙俄国际经济走廊全区域高精度土地利用/土地覆被一体化地图；深入调查了油气、有色金属、耕地、森林、淡水等战略性资源的储量、分布格局、开发现状及潜力，提出了优先合作重点领域和区域、风险及对策；多尺度调查分析了中蒙俄国际经济走廊考察全区、重点区域和城市、跨境口岸城市化及基础设施空间格局和现状，提出了中蒙俄基础设施合作方向；调查了中蒙俄国际经济走廊经济社会现状，完成了投资环境综合评估，首次开展了中蒙俄国际经济走廊生态经济区划，揭示了中蒙俄国际经济走廊经济社会等要素"五带六区"空间格局及优先战略地位，提出了绿色经济走廊建设模式；与俄蒙共建了中蒙俄

"两站两中心"野外生态实验站和国际合作平台，开创了"站点共建，数据共享，实验示范，密切合作"的跨国科学考察研究模式，开拓了中蒙俄国际科技合作领域，产生了重大的国际影响。

该丛书是一套资料翔实、内容丰富、图文并茂的科学考察成果，入选了"十四五"时期国家重点出版物出版专项规划项目和国家出版基金项目，出版质量高，社会影响大。在国际局势日趋复杂，我国全面建设中国式现代化强国的历史时期，该丛书的出版具有特殊的时代意义。

中国科学院院士

2022 年 10 月

总　序　二

"中蒙俄国际经济走廊多学科联合考察"是"十三五"时期科技部启动的跨国科学考察项目，考察区包括中国东北地区、蒙古高原、俄罗斯西伯利亚和远东地区，并延伸到俄罗斯欧洲部分，地域延绵 6000 余公里。该区域生态环境复杂多样，自然资源丰富多彩，自然与人文过程交互作用，对我国资源、环境与经济社会发展具有深刻的影响。

项目启动以来，中国、俄罗斯和蒙古国三国科学家系统组织完成了十多次大型跨国联合科学考察，考察范围覆盖中俄蒙三国近五十个省级行政单元，陆上行程近 2 万公里，圆满完成了考察任务。通过实地考察、资料整编、空间信息分析和室内综合分析，制作百余个中蒙俄国际经济走廊综合数据集和地图集，编写考察报告 7 部，发表论著一百多篇（部），授权二十多项专利，提出了生态环境保护及风险防控、资源国际合作、城市与基础设施建设、国际投资重点和绿色经济走廊等系列对策，多份重要咨询报告得到国家相关部门采用，取得了丰硕的研究成果，极大地提升了我国在东北亚区域资源环境与可持续发展研究领域的国际地位。该考察研究对于支持我国在全球变化领域创新研究，服务我国与周边国家生态安全和资源环境安全战略决策，促进"一带一路"及中蒙俄国际经济走廊绿色发展，推进我国建立质量更高、更具韧性的开放经济体系具有重要的指导意义。

《中蒙俄国际经济走廊多学科联合考察》丛书正是该项目成果的综合集成。参与丛书撰写的作者多为中蒙俄国立科研机构和大学的著名院士、专家及青年骨干，书稿内容科学性、创新性、前瞻性、知识性和可参考性强。该丛书已入选"十四五"时期国家重点出版物出版专项规划和国家出版基金项目。

该丛书从中蒙俄国际经济走廊不同时空尺度，系统开展了地理环境时空格局演变、战略性资源格局与潜力、城市化与基础设施、社会经济与投资环境，以及资源环境信息系统等科学研究；共建了两个国际野外生态实验站和两个国际合作平台，应用"3S"技术、站点监测、实地调研，以及国际协同创新信息网络平台等技术方法，创新了点—线—面—带国际科学考察技术路线，开创了国际科学考察研究新模式，有力地促进了地理、资源、生态、环境、社会经济及信息等多学科交叉和国内外联合科学考察研究。

  在"一带一路"倡议实施和全球地缘环境变化加剧的今天，该丛书的出版非常及时。面对百年未有之大变局，我相信，《中蒙俄国际经济走廊多学科联合考察》丛书的出版，将为读者深入认识俄罗斯和蒙古国、中蒙俄国际经济走廊以及"一带一路"提供更加特别的科学视野。

中国科学院院士

2022 年 10 月

总　序　三

中蒙俄国际经济走廊覆盖的广阔区域是全球气候变化响应最为剧烈、生态环境最为脆弱敏感的地区之一。同时，作为亚欧大陆的重要国际大通道和自然资源高度富集的区域，该走廊也是全球地缘关系最为复杂、经济活动最为活跃、对全球经济发展和地缘安全影响最大的区域之一。开展中蒙俄国际经济走廊综合科学考察，极具科研价值和战略意义。

2017年，科技部启动科技基础资源调查专项"中蒙俄国际经济走廊多学科联合考察"项目。中蒙俄三国二十多家科研院校一百多位科学家历时五年的艰苦努力，圆满完成了科学考察任务。项目制定了12项项目考察标准和技术规范，建立了131个多学科科学数据集，编绘133个图集，建立了多学科国际联合考察信息共享网络平台并实现科学家共享，培养了一批国际科学考察人才。项目主要成果形成的《中蒙俄国际经济走廊多学科联合考察》丛书陆续入选"十四五"时期国家重点出版物出版专项规划项目和国家出版基金项目，主要包括《中蒙俄国际经济走廊多学科联合考察综合报告》《中蒙俄国际经济走廊地理环境时空格局及变化研究》《中蒙俄国际经济走廊战略性资源格局与潜力研究》《中蒙俄国际经济走廊社会经济与投资环境研究》《中蒙俄国际经济走廊城市化与基础设施研究》《中蒙俄国际经济走廊多学科联合考察数据编目》等考察报告，以及《俄罗斯地理》《蒙古国地理》等国别地理、《俄罗斯北极地区：地理环境、自然资源与开发战略》等应用类专论等13部。

这套丛书首次从中蒙俄国际经济走廊全区域、"五带六区"、中心城市、国际口岸城市等不同尺度系统地介绍了地理环境时空格局及变化、战略性资源格局与潜力、城市化与基础设施、社会经济与投资环境以及资源环境信息系统等科学考察成果，可为全球变化区域响应及中蒙俄跨境生态环境安全国际合作研究提供基础科学数据支撑，为"一带一路"和中蒙俄经济国际走廊绿色发展提供科学依据，为我国东北振兴与俄罗斯远东开发战略合作提供科学支撑，为"一带一路"和六大国际经济走廊联合科学考察研究探索模式、制定技术标准规范、建立国际协同创新信息网络平台等提供借鉴，对我国资源安全、经济安全、生态安全等重大战略决策和应对全球变化具有重大意义。

这套丛书具有以下鲜明特色：一是中蒙俄国际经济走廊是国家"一带一路"建设的重要着力点，社会关注度极高，但国际经济走廊目前以及未来建设过程中面临着生态环境风险、资源承载力以及可持续发展等诸多重大科学问题，亟须基础科技数据资源支撑研究。中蒙俄科学家首次联合系统开展中蒙俄国际经济走廊科学考察研究成果的发布，具有重要的战略意义和极高的科学价值。二是这套丛书深入介绍的中蒙俄经济走廊地理环境、战略性资源、城市化与基础设施、社会经济和投资环境等领域科学考察成果，将为进一步加强我国与俄蒙开展战略资源经贸与产能合作，促进东北振兴和资源型城市转型，以及推动兴边富民提供科学数据基础。三是将促进地理科学、资源科学、生态学、社会经济科学和信息科学等多学科的交叉研究，推动我国多学科国际科学考察理论与方法的创新。四是丛书主体内容中的 25 份咨询报告得到了中央和国家有关部门采用，为中蒙俄国际经济走廊建设提供了重要科技支撑。希望项目组再接再厉，为中国的综合科学考察事业做出更大的贡献！

中国工程院院士

2022 年 10 月

前　言

中蒙俄国际经济走廊横跨中国北部、蒙古国、俄罗斯远东及西伯利亚地区，总面积约 920 万 km^2，是国家"一带一路"倡议规划的六大经济走廊核心区之一，是连接欧亚大陆的重要国际大通道和我国向北开放的重点区域，是世界自然资源最富集的区域之一，也是当前中国、俄罗斯、蒙古国社会经济重点合作的区域。该区域地理环境复杂多样，是全球气候变化剧烈响应区和区域生态安全重要保障区，更是我国长期研究不足、资料短缺，亟待开展科学考察的重点区域。对该区域开展多学科联合考察可以为中蒙俄国际经济走廊建设提供地理环境本底和基础科学数据支撑，既是国际综合科学考察技术规范编制的基础需求，也是协同构建区域生态安全屏障，促进中蒙俄资源、信息和科技共建共享的迫切需要，具有重要的现实意义和极高的科学价值。

在科学技术部科技基础资源调查专项"中蒙俄国际经济走廊多学科联合考察"项目支持下，中国、蒙古国、俄罗斯三国科学家从"点、线、轴、带、面"多个视角对中蒙俄国际经济走廊及"五带六区"重点区域进行了多学科联合考察。2017～2022 年，项目组先后组织了百余名科学家对中国、蒙古国和俄罗斯三国进行多次联合考察，完成了俄罗斯境内东西大跨越，蒙古国东部全覆盖，以及"五带六区"和重要国际口岸城市的科学考察。依据国内外综合科学考察技术规范，项目组收集和整理了该区域的资源、环境、生态、社会经济和第一手的样点调查及采集数据，为中蒙俄国际经济走廊资源环境承载能力评价、生态环境风险识别、全球变化研究及投资环境分析奠定了数据基础。为了响应国家"提高数据开放共享水平，更好支撑国家科技创新、经济社会发展"的号召，也为全面梳理项目数据成果、更好发挥科考数据价值，本书对涉及基础地理、资源环境、社会经济及反映区域特色的数据资源的基本情况、加工过程和质量控制等信息进行了全面、系统的阐述，是"中蒙俄国际经济走廊多学科联合考察"项目的重要成果之一，可供国内外相关领域的研究人员、技术人员和政府部门管理人员参考及使用。因中蒙俄国际经济走廊范围广阔，特别是国外数据缺失，难以获取，给本数据编目内容撰写造成一定的制约。

本书共 6 章，杨雅萍负责全书的内容设计、组织和汇总审校，陈晓娜、乐夏芳负责汇稿审查，王潮腾、虞阳、刘莹等科研人员和多名研究生也参与了本书的撰写。本书第 1 章由杨雅萍、徐洋、殷聪、仝冉负责；第 2 章由杨雅萍、赵丹云、王颖、蔡园祥负责；

第 3 章由虞阳、郭鹏飞、王宏智、张寅飞负责；第 4 章由王宏智、辛颖、刘颖彬、张刘梦负责；第 5 章由陈晓娜、徐洋、周胜男负责；第 6 章由乐夏芳、王潮腾、杜佳、陈晓娜、刘杨晓月、杨勃负责。在数据整合和文稿撰写方面，采用国家科技基础资源调查专项的标准规范和项目内部制定的规范，涉及的科学数据参照《科技计划项目形成的科学数据汇交　技术与管理规范》（GB/T 39912—2021）进行汇交和管理，制图过程严格遵循《中华人民共和国测绘法》《地图管理条例》，以及自然资源部标准地图服务系统的相关要求。在数据的生产与制作过程中采用项目内部制定的采集、加工和质量控制相关规范，如《中蒙俄国际经济走廊多学科联合考察项目数据质量检查与控制规范》《中蒙俄国际经济走廊多学科联合考察项目数据文档编写规范》等，在此不一一列举。本书的撰写参考了《中国北方及其毗邻地区综合科学考察数据集》《国家科技基础性专项资源与环境领域项目成果编研（上、下册）》。本书社会经济数据主要来源于国家统计局中国统计年鉴、国家统计局城市社会经济调查、中华人民共和国国家旅游局、蒙古国统计局、俄罗斯联邦统计局等。

　　本书的相关资料得到了中国科学院地理科学与资源研究所、中国科学院东北地理与农业生态研究所、中国农业科学院农业资源与农业区划研究所、中国地质科学院矿产资源研究所、中国林业科学研究院、北京师范大学、中央民族大学、北京交通大学、内蒙古师范大学、内蒙古财经大学、兰州财经大学、黑龙江省林业科学院伊春分院，以及蒙古国科学院地理和地质研究所、俄罗斯太平洋地理研究所、俄罗斯伊尔库茨克地理研究所等多家国内外科研院所和高校的大力支持。本书的出版还得到了国家地球系统科学数据中心和中国工程科技知识中心地理资源与生态专业知识服务分中心的支持，在此表示诚挚的感谢。

作　者

2022 年 7 月

目　　录

第1章　中蒙俄国际经济走廊地理环境本底数据

1.1　基础地理数据

1.1.1　中蒙俄国际经济走廊1∶100万行政区划数据集（2015年）

（1）数据集元数据

数据集标题：中蒙俄国际经济走廊1∶100万行政区划数据集（2015年）。

数据集摘要：该数据为中蒙俄国际经济走廊的行政区划数据，矢量格式，包括中蒙俄国界、省界、市界（州界）。

数据集空间范围：中蒙俄国际经济走廊全考察区。

数据关键词：中蒙俄、行政区划、省级、市级。

数据集时间：2015年。

数据集格式：ESRI Shapefile。

数据集类型：矢量。

资源负责方：中国科学院地理科学与资源研究所。

通信地址：北京市朝阳区大屯路甲11号。

（2）数据集说明

数据集内容说明：中蒙俄国际经济走廊的行政区划数据，数据格式为矢量，比例尺为1∶100万，反映了中蒙俄国际经济走廊国家级、省级和市级行政区划，部分区域精确到县级，包括行政区划名称、所属国家等属性。

数据加工方法：本数据参考各国行政单元界线定义标准，采纳统一的行政界线标准，按照1∶100万矢量数据加工规范对数据进行修订；根据我国有关法规和标准，对每个行政单元的界线及属性进行审查及修正，保证数据的规范、准确和完整。

数据质量描述：参照《中华人民共和国行政区划代码》（GB/T 2260—2007）标准，由专业制图人员对数据的完整性、精度、拓扑关系及属性进行审查，数据完整性、一致性、位置精度、属性精度、现势性等均符合有关技术规定和标准规范，质量优良可靠。

数据应用成果：该数据集可为区域科学研究提供基础行政区划矢量数据，也可为了解中蒙俄国际经济走廊行政区划变化提供参考信息。

（3）数据集内容

中蒙俄国际经济走廊1∶100万行政区划数据集（2015年）内容为中蒙俄国际经济走廊1∶100万行政区划矢量数据。

实地考察中，可见俄罗斯省级行政区由界碑分开（图 1-1）。

图 1-1　俄罗斯典型省级行政区界碑

1.1.2　中蒙俄国际经济走廊 250m 高程数据集（2015 年）

（1）数据集元数据

数据集标题：中蒙俄国际经济走廊 250m 高程数据集（2015 年）。

数据集摘要：该数据集是中蒙俄国际经济走廊全考察区的高程数据，单位为 m，栅格格式，空间分辨率为 250m。

数据集空间范围：中蒙俄国际经济走廊全考察区。

数据关键词：中蒙俄、DEM、高程。

数据集时间：2015 年。

数据集格式：TIFF。

数据集类型：栅格。

资源负责方：中国科学院东北地理与农业生态研究所。

通信地址：吉林省长春市高新北区盛北大街 4888 号。

（2）数据集说明

数据集内容说明：2015 年中蒙俄国际经济走廊区域 250m 高程数据，反映了该区域的高程和地势。

数据加工方法：根据栅格数据加工标准，使用专业软件对原始数据进行地理配准、空间校正、融合、镶嵌、重采样到 250m 空间分辨率。经过数据完整性、精度等质量控制措施，最终形成中蒙俄国际经济走廊区域 250m 高程数据集。

数据质量描述：参照《数字地形图产品基本要求》（GB/T 17278—2009）标准，由专业人员对数据进行质量审查，数据完整性、一致性、位置精度、属性精度、接边精度、现势性等均符合国家测绘部门制定的有关技术规定和标准要求，质量优良可靠。

数据应用成果：可为地理学、生态学和水土保持科学等相关学科的研究提供地形属性指标数据产品。

（3）数据集内容

本数据集示意如图 1-2 所示。

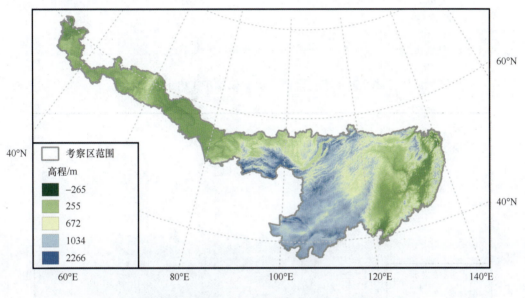

图 1-2　考察区 250m 高程数据集示意（2015 年）

1.1.3　中蒙俄国际经济走廊 250m 坡度数据集（2015 年）

（1）数据集元数据

数据集标题：中蒙俄国际经济走廊 250m 坡度数据集（2015 年）。

数据集摘要：该数据反映了中蒙俄国际经济走廊的坡度，栅格数据，单位为度（°），空间分辨率为 250m，最大值为 57.73°，最小值为 0°。

数据集空间范围：中蒙俄国际经济走廊全考察区。

数据关键词：中蒙俄、坡度。

数据集时间：2015 年。

数据集格式：TIFF。

数据集类型：栅格。

资源负责方：中国科学院东北地理与农业生态研究所。

通信地址：吉林省长春市高新北区盛北大街 4888 号。

（2）数据集说明

数据集内容说明：2015 年中蒙俄国际经济走廊区域的 250m 坡度数据。

数据加工方法：依据坡度数据制作标准，对 DEM 原始数据进行地理配准、空间校正、融合、镶嵌、重采样到 250m 空间分辨率。采用坡度分析工具，基于 Planar 方法计算得到。

数据质量描述：参照 GB/T 17278—2009 标准，由专业人员对数据进行质量审查，数据完整性、一致性、位置精度、属性精度、接边精度、现势性等均符合国家测绘部门制定的有关技术规定和标准要求，质量优良可靠。

数据应用成果：可为地理学、生态学和水土保持科学等相关学科的研究提供地形属性指标数据产品。

（3）数据集内容

中蒙俄国际经济走廊 250m 坡度数据集示意如图 1-3 所示。

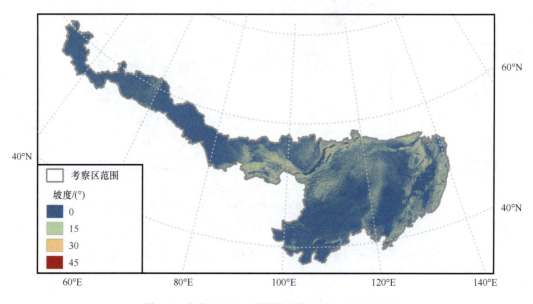

图 1-3　考察区 250m 坡度数据集示意（2015 年）

1.1.4　中蒙俄国际经济走廊 1∶400 万水系数据集（2015 年）

（1）数据集元数据

数据集标题：中蒙俄国际经济走廊 1∶400 万水系数据集（2015 年）。

数据集摘要：中蒙俄国际经济走廊区域的河流水系数据为矢量格式，比例尺为 1∶400 万，主要属性信息包括河流位置、名称、级别、长度和湖泊边界、面积、类别等。

数据集空间范围：中蒙俄国际经济走廊全考察区。

数据关键词：中蒙俄、河流、湖泊、水系。

数据集时间：2015 年。

数据集格式：ESRI Shapefile。

数据集类型：矢量。

资源负责方：中国科学院地理科学与资源研究所。

通信地址：北京市朝阳区大屯路甲 11 号。

（2）数据集说明

数据集内容说明：该数据集为中蒙俄国际经济走廊的河流水系数据，反映了区域河流、湖泊等水体的空间分布，以及名称、级别、长度、面积等属性信息。

数据加工方法：根据 1∶400 万矢量数据加工标准，对原始遥感影像、地图等资料进行数字化、投影转换和裁剪，提取水系信息，将破碎的水系河流在空间上拼接完整，每条河流在空间上为一单独要素。由专业人员进行图形和属性质量检查，经二次检查修改后完成本数据的加工生产。

数据质量描述：参照 GB/T 17278—2009 标准，由专业制图人员对数据的完整性、精度和拓扑及属性进行审查，保证了较高的数据质量。数据完整性、逻辑一致性、位置精度、属性精度、接边精度、现势性均符合有关技术规定和标准的要求，质量优良可靠。

数据应用成果：中蒙俄国际经济走廊考察区水系数据集主要面向科学研究、技术服务、水利、生态环境等领域，可为从事水文相关研究的科研人员提供基础数据。

（3）数据集内容

中蒙俄国际经济走廊水系数据集示意如图 1-4 所示。

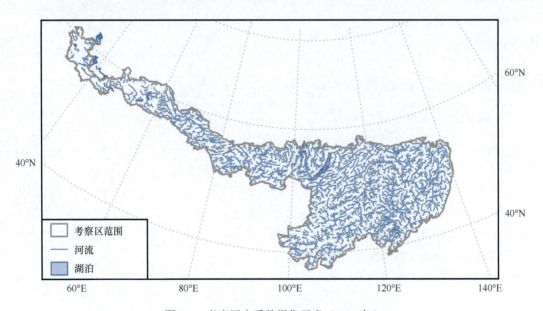

图 1-4　考察区水系数据集示意（2015 年）

典型水系俄罗斯安加拉河、贝加尔湖等见图 1-5。

（a）安加拉河　　　　　　　　　　　　　　　　　　（b）贝加尔湖

图 1-5　俄罗斯安加拉河和贝加尔湖

1.1.5　中蒙俄国际经济走廊 1：400 万流域数据集（2015 年）

（1）数据集元数据

数据集标题：中蒙俄国际经济走廊 1：400 万流域数据集（2015 年）。

数据集摘要：中蒙俄国际经济走廊流域数据为矢量格式，主要属性信息包括流域地名、流域边界、流域面积等。

数据集空间范围：中蒙俄国际经济走廊全考察区。

数据关键词：中蒙俄、流域、水系。

数据集时间：2015 年。

数据集格式：ESRI Shapefile。

数据集类型：矢量。

资源负责方：中国科学院地理科学与资源研究所。

通信地址：北京市朝阳区大屯路甲 11 号。

（2）数据集说明

数据集内容说明：该数据集为中蒙俄国际经济走廊 1：400 万流域数据，反映了区域流域的空间分布、流域地名、流域边界、流域面积等属性信息。

数据加工方法：根据矢量数据加工标准，将原始遥感影像、地图资料等数字化，投影转换和裁剪，利用专业水文模型，分析、提取流域信息。将破碎的流域矢量在空间上拼接完整，每块流域在空间上为一单独要素。由专业人员进行图形和属性质量检查，经二次检查修改后完成本数据的加工生产。

数据质量描述：参照 GB/T 17278—2009 标准，由专业制图人员对数据的完整性、精度及属性进行审查，保证了较高的数据质量。数据完整性、逻辑一致性、位置精度、属性精度、现势性均符合有关技术规定和标准的要求，质量优良可靠。

数据应用成果：中蒙俄国际经济走廊流域数据集主要面向科学研究、技术服务、水利、生态环境等领域，可为从事水文相关研究的科研人员提供基础数据。

（3）数据集内容

中蒙俄国际经济走廊 1∶400 万流域数据集示意如图 1-6 所示。

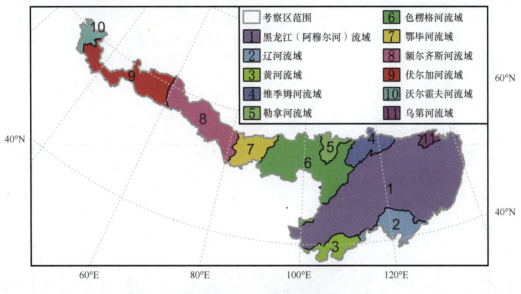

图 1-6　考察区 1∶400 万流域数据集示意（2015 年）

1.1.6　中蒙俄国际经济走廊 1∶100 万道路交通数据集（2015 年）

（1）数据集元数据

数据集标题：中蒙俄国际经济走廊 1∶100 万道路交通数据集（2015 年）。

数据集摘要：该数据为中蒙俄国际经济走廊的道路交通数据，矢量格式，比例尺为 1∶100 万，包括区域公路的线状空间分布数据。

数据集空间范围：中蒙俄国际经济走廊全考察区。

数据关键词：中蒙俄、道路交通、公路。

数据集时间：2015 年。

数据集格式：ESRI Shapefile。

数据集类型：矢量。

资源负责方：中国科学院地理科学与资源研究所。

通信地址：北京市朝阳区大屯路甲 11 号。

（2）数据集说明

数据集内容说明：中蒙俄国际经济走廊的道路交通数据，反映了区域公路的空间分布。

数据加工方法：依据矢量数据加工标准，对原始道路数据进行真实性、一致性检验，使用专业软件进行数据拼接，投影转换，几何检查与修复、逻辑关系检查、拓扑检查、属性检查、标准化处理和质量检验后最终实现道路交通空间数据的整合。

数据质量描述：制定数字加工操作规范。加工过程中，规定操作人员严格遵守操作规范，同时由专人负责质量审查。经多人复查审核，数据完整性、逻辑一致性、位置精度、属性精度、现势性均符合有关技术规定和标准的要求，质量优良可靠。

数据应用成果：主要面向社会人文科学研究，可供人文地理学、城市规划等相关学科的人员科研和教学使用。

（3）数据集内容

中蒙俄国际经济走廊 1∶100 万道路交通数据集示意如图 1-7 所示。

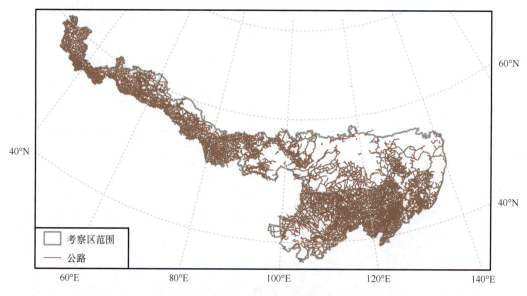

图 1-7　考察区道路交通数据集示意（2015 年）

考察区的典型交通线路——环贝加尔湖铁路见图 1-8。

图 1-8　环贝加尔湖铁路

2019 年 9 月考察队员考察了始建于 1902 年的环贝加尔湖铁路，目前该铁路还在运行

1.1.7　中蒙俄国际经济走廊 1∶100 万城市居民点数据集（2002 年）

（1）数据集元数据

数据集标题：中蒙俄国际经济走廊 1∶100 万城市居民点数据集（2002 年）。

数据集摘要：数据集为中蒙俄国际经济走廊城市居民点数据集，矢量格式，比例尺为 1∶100 万，包括中蒙俄国际经济走廊城市居民点空间分布及其属性数据。

数据集空间范围：中蒙俄国际经济走廊全考察区。

数据关键词：中蒙俄、城市、居民点。

数据集时间：2002 年。

数据集格式：ESRI Shapefile。

数据集类型：矢量。

资源负责方：中国科学院地理科学与资源研究所。

通信地址：北京市朝阳区大屯路甲 11 号。

（2）数据集说明

数据集内容说明：中蒙俄国际经济走廊的城市居民点数据，反映了区域人类居住地的空间分布。

数据加工方法：对原始居民点数据进行真实性、一致性检验，修复几何错误，补充缺失的矢量和属性，经过要素完整性、拓扑正确性等质量控制措施，最终形成中蒙俄国际经济走廊 1∶100 万城市居民点数据集。

数据质量描述：数据加工处理过程中，制图人员严格遵守操作规范，在对原始数据进行精度检验、编辑、调整的基础上进行了拓扑和属性检查，同时由专业制图人员负责质量审查。经多人复查审核，数据完整性、逻辑一致性、位置精度、属性精度均符合有关技术规定和标准的要求，质量优良可靠。

数据应用成果：主要面向社会人文科学研究，可供人口学、人文地理学、城市规划等相关学科的人员科研和教学使用。

（3）数据集内容

中蒙俄国际经济走廊 1∶100 万城市居民点数据集示意如图 1-9 所示。

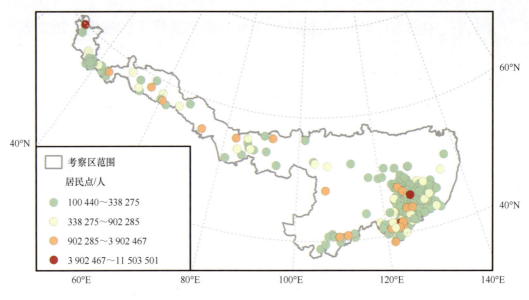

图 1-9   考察区城市居民点数据集示意（2002 年）

1.1.8   中蒙俄国际经济走廊柯本气候类型空间分布数据集（1901～2000 年）

（1）数据集元数据

数据集标题：中蒙俄国际经济走廊柯本气候类型空间分布数据集（1901～2000 年）。

数据集摘要：该数据为中蒙俄国际经济走廊区域的柯本气候类型分布数据，根据 1901～1995 年、1961～1990 年、1951～2000 年的气温和降水数据整编而成，原始数据为栅数据，本数据集对栅格进行了矢量化，并补充了中文字段，便于国内研究人员使用。

数据集空间范围：中蒙俄国际经济走廊全考察区。

数据关键词：中蒙俄、柯本、气候类型。

数据集时间：1901～2000 年。

数据集格式：ESRI Shapefile。

数据集类型：矢量。

资源负责方：中国科学院地理科学与资源研究所。

通信地址：北京市朝阳区大屯路甲 11 号。

（2）数据集说明

数据集内容说明：中蒙俄国际经济走廊柯本气候类型空间分布数据集（1901～2000 年）包含 ESRI Shapefile 文件和 qml 文件，分别为气候类型矢量数据和 QGIS 样式文件。

数据加工方法：根据 1901～1995 年、1961～1990 年、1951～2000 年的气温和降水数据整编而成，原始数据为栅格格式，使用专业软件对其进行矢量化、投影转换、裁剪、添加属性字段等标准化加工处理和质量检验后最终形成。

数据质量描述：在数据加工过程中，制定了严格的数据加工操作规范，并由专业制图人员负责质量审查。经多人复核审查，数据完整性、逻辑一致性、位置精度、属性精度等均符合有关技术规定和标准的要求，质量优良可靠。

数据应用成果：面向科学研究和技术服务业，主要应用于地理学、气象学、生态环境监测等相关研究。

（3）数据集内容

该数据集示意如图 1-10 所示。

中蒙俄国际经济走廊柯本气候类型空间分布数据集（1901～2000 年）包含一套 ESRI Shapefile 文件和 qml 文件，可以直接在 QGIS 中打开，并使用 qml 查看具体的气候类型。

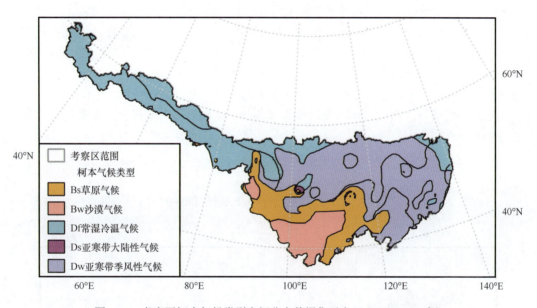

图 1-10　考察区柯本气候类型空间分布数据集示意（1901～2000 年）

1.1.9　中蒙俄国际经济走廊 1km 年平均气温数据集（2015 年）

（1）数据集元数据

数据集标题：中蒙俄国际经济走廊 1km 年平均气温数据集（2015 年）。

数据集摘要：该数据集包含了中蒙俄国际经济走廊全考察区 2015 年的平均气温空间分布数据，该数据在收集到的中蒙俄国际经济走廊范围内的 362 个气象站点观测数据基础上，基于样条函数插值理论的专业气象插值软件 ANUSPLIN 对中蒙俄国际经济走廊考察区的年平均气温进行空间插值，数据分辨率为 1km。

数据集空间范围：中蒙俄国际经济走廊全考察区。

数据关键词：中蒙俄、年平均气温、气象站点、插值。

数据集时间：2015 年。

数据集格式：TIFF。

数据集类型：栅格。

资源负责方：中国科学院东北地理与农业生态研究所。

通信地址：吉林省长春市高新北区盛北大街 4888 号。

（2）数据集说明

数据集内容说明：该数据集包含了中蒙俄国际经济走廊考察区 2015 年的平均气温空间分布数据，一个 TIFF 文件。

数据加工方法：通过对原始的气象站点数据进行整理，对覆盖中蒙俄国际经济走廊考察区的数据进行插值处理，其中由于站点数小于 2000 个，选择 splina 工具进行插值，最终得到中蒙俄国际经济走廊考察区年平均气温数据集。

数据质量描述：使用的插值软件 ANUSPLIN 为专用的气象插值软件，插值结果分辨率为 1km，数据精度为 0.1℃。利用均方根误差（RMSE）、平均绝对误差（MAE）、确定系数（R_2）对数据的精度进行检验。经专业人员审校，数据科学性、完整性、一致性及精度均符合有关技术规定和标准要求，质量可靠。

数据应用成果：面向科学研究和技术服务业，主要应用于地理学、气象学、环境科学等相关研究。

（3）数据集内容

该数据集示意如图 1-11 所示。中蒙俄国际经济走廊 1km 年平均气温数据集（2015 年）包含了一个 TIFF 格式的栅格文件。

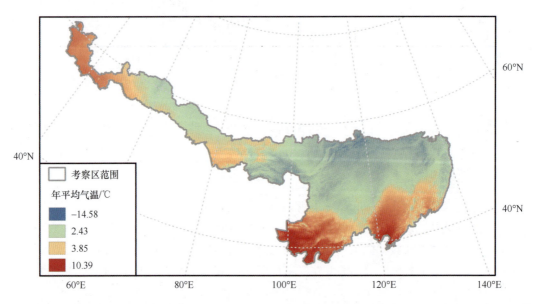

图 1-11　考察区 1km 年平均气温数据集示意（2015 年）

考察区内俄罗斯伊尔库茨克野外气象观测站如图 1-12 所示。

图 1-12　俄罗斯伊尔库茨克野外气象观测站

1.1.10　中蒙俄国际经济走廊 1km 年降水量数据集（2015 年）

（1）数据集元数据

数据集标题：中蒙俄国际经济走廊 1km 年降水量数据集（2015 年）。

数据集摘要：该数据集包含了中蒙俄国际经济走廊全考察区 2015 年的降水量空间分布数据，该数据在收集到的中蒙俄国际经济走廊范围内的 362 个气象站点观测数据基础上，基于样条函数插值理论的专业气象插值软件 ANUSPLIN 对中蒙俄国际经济走廊考察区的年降水量进行空间插值，数据分辨率为 1km。

数据集空间范围：中蒙俄国际经济走廊全考察区。

数据关键词：中蒙俄、年降水量、气象站点、插值。

数据集时间：2015 年。

数据集格式：TIFF。

数据集类型：栅格。

资源负责方：中国科学院东北地理与农业生态研究所。

通信地址：吉林省长春市高新北区盛北大街 4888 号。

（2）数据集说明

数据集内容说明：该数据集包含了中蒙俄国际经济走廊考察区 2015 年降水量空间分布数据，一个 TIFF 文件。

数据加工方法：通过对原始的气象站点数据进行整理，对覆盖中蒙俄国际经济走廊考察区的数据进行插值处理，其中由于站点数小于 2000 个，选择 splina 工具进行插值，最终得到中蒙俄国际经济走廊考察区年降水量数据集。

数据质量描述：使用的插值软件 ANUSPLIN 为专用的气象插值软件，插值方法可靠。插值结果分辨率为 1km，精度 0.1mm，经专业人员审校，数据科学性、完整性、一致性及精度均符合有关技术规定和标准要求，质量可靠。

数据应用成果：面向科学研究和技术服务业，主要应用于地理学、气象学、环境科学等相关研究。

（3）数据集内容

该数据集示意如图 1-13 所示。中蒙俄国际经济走廊 1km 年降水量数据集（2015 年）包含一个 TIFF 格式的栅格文件。

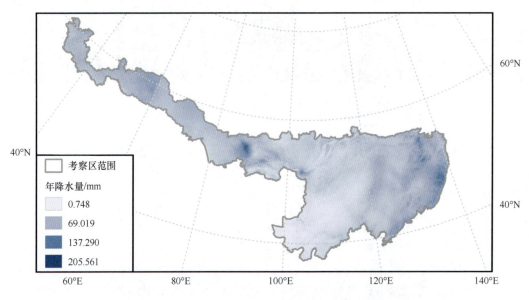

图 1-13　考察区 1km 年降水量数据集示意（2015 年）

1.2　资源环境数据

1.2.1　中蒙俄国际经济走廊水资源总量数据集（2015 年）

（1）数据集元数据

数据集标题：中蒙俄国际经济走廊水资源总量数据集（2015 年）。

数据集摘要：中蒙俄国际经济走廊水资源总量数据集（2015 年）的数据是全考察区省级地表水资源总量、年产水模数、年径流深、年径流量等表征水资源的数据，共 49 条记录。

数据集空间范围：中蒙俄国际经济走廊全考察区。

数据关键词：水资源总量、年径流量、中蒙俄。

数据集时间：2015 年。

数据集格式：Excel。

数据集类型：属性。

资源负责方：中国科学院地理科学与资源研究所。

通信地址：北京市朝阳区大屯路甲 11 号。

（2）数据集说明

数据集内容说明：该数据集包含了中蒙俄国际经济走廊全考察区省级地表水资源总量、年产水模数、年径流深、年径流量等表征水资源的数据，一个 Excel 文件。

数据加工方法：对原始纸质数据进行人工摘录、规范化整理入库，并由专业人员对数据摘录结果进行校验和标准化。

数据质量描述：依据国家有关标准和技术规范，组织专业人员对数据经过两轮人工校核，并将摘录后的数据与原始数据进行抽查对比，数据的属性值与原始数据相符，具有逻辑一致性，质量可靠。

数据应用成果：面向科学研究和技术服务业，主要用于地理学、资源科学、生态学等相关领域研究，可为从事水文相关研究的科研人员提供基础数据。

（3）数据集内容

数据部分内容节选如表 1-1 所示。数据格式为 Excel 文件。

表 1-1　中蒙俄国际经济走廊水资源数据集（2015 年）示例

行政区	面积/km²	地表水资源量/亿 m³	年产水模数/(万 m³/km²)	年径流深/mm	径流模数/[m³/(s·km²)]
阿尔泰边疆区	169 100	566	33.691 28	336.912 8	10.683 43
阿穆尔州	363 700	1 457	40.258 85	402.588 5	12.766
东方省	123 597.4	13.5	1.092 256	0.010 923	0.346 352
乌兰巴托	4 704.4	0.95	2.019 386	0.020 194	0.640 343
内蒙古自治区	1 183 000	402.1	3.398 986	33.989 86	1.077 811
黑龙江省	454 800	686	15.083 55	150.835 5	4.782 963

1.2.2　中蒙俄国际经济走廊 1km 土壤类型数据集（2015 年）

（1）数据集元数据

数据集标题：中蒙俄国际经济走廊 1km 土壤类型数据集（2015 年）。

数据集摘要：该数据为中蒙俄国际经济走廊 1km 土壤类型数据，共包含 92 种土壤类型。

数据集空间范围：中蒙俄国际经济走廊全考察区。

数据关键词：中蒙俄、土壤类型、黑土、钙积土。

数据集时间：2015 年。

数据集格式：TIFF。

数据集类型：栅格。

资源负责方：中国科学院东北地理与农业生态研究所。

通信地址：吉林省长春市高新北区盛北大街4888号。

（2）数据集说明

数据集内容说明：中蒙俄国际经济走廊土壤数据，反映了区域内的土壤类型。

数据加工方法：采纳联合国粮食及农业组织（FAO）世界和谐土壤数据库分类标准，利用地理信息与遥感技术对成土环境条件进行精细刻画和空间分析，生成1km土壤类型数据，并由专业人员审校，确保最终数据质量。

数据质量描述：原始数据为1km分辨率，经标准化数据加工处理后，数据精度保持不变，并经专业人员审校，数据科学性、完整性、一致性均符合有关技术规定和标准要求，质量可靠。

数据应用成果：面向科学研究和技术服务业，可广泛应用于土壤、农业、生态、水文、气候、环境等多个学科领域。

（3）数据集内容

考察人员采集伊尔库茨克地区的土壤样品过程见图1-14。

图1-14　采集土样

考察队员考察了伊尔库茨克地区土壤现状，并进行了土壤样品采集

该数据集示意如图 1-15 所示。中蒙俄国际经济走廊 1km 土壤数据集包含 1 个 TIFF 格式的栅格文件。

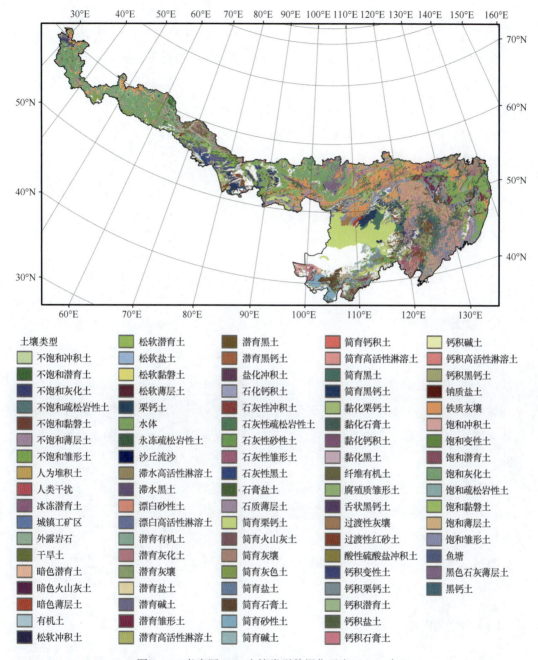

图 1-15　考察区 1km 土壤类型数据集示意（2015 年）

1.2.3 中蒙俄国际经济走廊 1：400 万植被类型数据集（2000 年）

（1）数据集元数据

数据集标题：中蒙俄国际经济走廊 1：400 万植被类型数据集（2000 年）。

数据集摘要：该数据包含了中蒙俄国际经济走廊区域的植被类型、名称、植被类、植被亚类数据。植被数据为 ESRI Shapefile 矢量数据。

数据集空间范围：中蒙俄国际经济走廊全考察区。

数据关键词：中蒙俄、植被、生态。

数据集时间：2000 年。

数据集格式：ESRI Shapefile。

数据集类型：矢量。

资源负责方：中国科学院东北地理与农业生态研究所。

通信地址：吉林省长春市高新北区盛北大街 4888 号。

（2）数据集说明

数据集内容说明：该数据集包含了中蒙俄国际经济走廊区域 1：400 万植被类型分布数据，包含一套 ESRI Shapefile 文件。

数据加工方法：根据 1：400 万矢量数据加工标准，使用专业软件对中国植被数据、俄罗斯植被数据、蒙古国植被数据进行数据融合、矢量编辑、统一图例，对植被类型、名称、植被类、植被亚类属性进行修改、拓扑检查等数据标准化处理。

数据质量描述：参照《土地利用现状分类》（GB/T 21010—2017）标准，由专业制图人员对数据的完整性、精度、拓扑关系及属性进行审查，数据完整性、逻辑一致性、精度等均符合有关技术规定和标准规范，质量优良可靠。

数据应用成果：面向科学研究和技术服务业，主要用于自然地理学和生态环境监测相关方面的研究。

（3）数据集内容

该数据集示意如图 1-16 所示。中蒙俄国际经济走廊 1：400 万植被类型数据集（2000 年）包含了一套 ESRI Shapefile 文件，矢量格式。

中国科学家考察乌苏里斯克（双城子）泰加林森林监测站和俄罗斯科学院新西伯利亚植物园过程见图 1-17 和图 1-18。

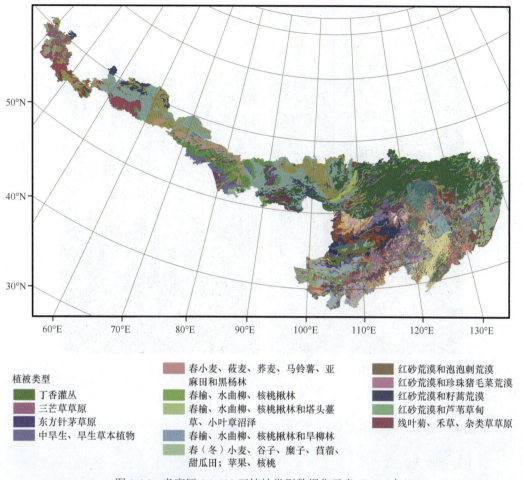

植被类型

丁香灌丛

三芒草草原

东方针茅草原

中旱生、旱生草本植物

春小麦、莜麦、荞麦、马铃薯、亚麻田和黑杨林

春榆、水曲柳、核桃楸林

春榆、水曲柳、核桃楸林和塔头薹草、小叶章沼泽

春榆、水曲柳、核桃楸林和旱柳林

春（冬）小麦、谷子、糜子、苜蓿、甜瓜田；苹果、核桃

红砂荒漠和泡泡刺荒漠

红砂荒漠和珍珠猪毛菜荒漠

红砂荒漠和籽蒿荒漠

红砂荒漠和芦苇草甸

线叶菊、禾草、杂类草草原

图 1-16　考察区 1∶400 万植被类型数据集示意（2000 年）

图 1-17　乌苏里斯克（双城子）泰加林森林监测站植物园中的植物

左为杜鹃花科杜鹃花属落叶灌木，右为芸香科黄檗属落叶乔木

图 1-18　俄罗斯科学院新西伯利亚分院植物园考察

2019 年中国科学家考察俄罗斯科学院新西伯利亚分院植物园，了解当地植物分布状况

1.2.4　中蒙俄国际经济走廊 1∶200 万草地类型数据集（2016 年）

（1）数据集元数据

数据集标题：中蒙俄国际经济走廊 1∶200 万草地类型数据集（2016 年）。

数据集摘要：2016 年中蒙俄国际经济走廊草地类型数据为矢量格式，属性字段包括草地面积和草地资源类型。

数据集空间范围：中蒙俄国际经济走廊全考察区。

数据关键词：中蒙俄、草地、草地类型。

数据集时间：2016 年。

数据集格式：ESRI Shapefile。

数据集类型：矢量。

资源负责方：中国农业科学院农业资源与农业区划研究所。

通信地址：北京市海淀区中关村南大街 12 号。

（2）数据集说明

数据集内容说明：该数据集包含了中蒙俄国际经济走廊区域 1∶200 万草地类型分布数据，含一套 ESRI Shapefile 文件。

数据加工方法：依据遥感影像解译标准，采用专家分析和遥感自动分类、人工目视解译方法等综合手段，对 Landsat 遥感影像进行解译，数据最小图斑上图面积符合

1∶200 万制图要求，计算斑块面积，对草地资源类型字段进行修改，完成矢量拓扑检查，加工得到该数据。

数据质量描述：参照 GB/T 21010—2017 标准，由专业制图人员对数据的完整性、精度、拓扑关系及属性进行审查，数据完整性、逻辑一致性、精度等均符合有关技术规定和标准规范，质量优良可靠。

数据应用成果：面向科学研究和技术服务业，主要用于自然地理学和生态环境监测相关方面的研究。

（3）数据集内容

该数据集示意如图 1-19 所示。中蒙俄国际经济走廊 1∶200 万草地类型数据集（2016年）包含了一套 ESRI Shapefile 文件，矢量格式。

2019 年 9 月考察队员对贝加尔湖国家公园自然保护区及周边典型草地进行了考察（图 1-20）。

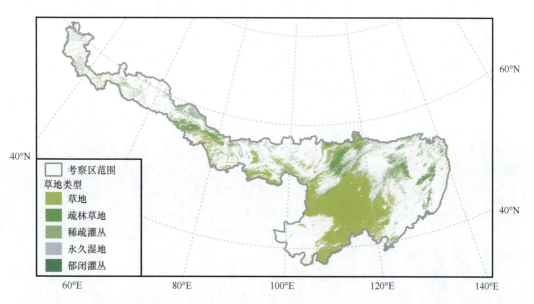

图 1-19　考察区草地类型数据集示意（2016 年）

图 1-20　贝加尔湖国家公园自然保护区及周边典型草地考察（2019 年 9 月）

1.2.5　中蒙俄国际经济走廊耕地数据集（2010 年、2015 年、2018 年）

（1）数据集元数据

数据集标题：中蒙俄国际经济走廊耕地数据集（2010 年、2015 年、2018 年）。

数据集摘要：本数据集提供了 2010 年、2015 年和 2018 年中蒙俄国际经济走廊考察区范围内中国、俄罗斯与蒙古国的主要耕地数据，含增加值、增加值增长率、各谷物产量等数据。

数据集空间范围：俄罗斯、蒙古国、中国。

数据关键词：中蒙俄国际经济走廊、耕地数据、谷物产量、增加值。

数据集时间：2010 年、2015 年、2018 年。

数据集格式：Excel。

数据集类型：属性[①]。

资源负责方：中国科学院地理科学与资源研究所。

通信地址：北京市朝阳区大屯路甲 11 号。

（2）数据集说明

数据集内容说明：中蒙俄国际经济走廊耕地数据集主要包含 2010 年、2015 年和 2018 年中蒙俄国际经济走廊范围内中国、俄罗斯与蒙古国的主要耕地数据，含增加值、增加值增长率、各谷物产量等数据。

数据加工方法：收集整理 2010 年、2015 年、2018 年中国、俄罗斯和蒙古国的主要耕地数据，结合实地调研获取的准确资料进行验证，外文资料由专业人员进行翻译，参照国际标准统一中蒙俄三国计算标准及量纲不一致的部分，并将数据进行清洗、查漏补缺及进行相关指标的计算。

数据质量描述：原始数据来源可靠，将原始数据进行了实地调研并结合当地的准确资料进行了验证，数据加工过程中，由专业人员对外文资料进行翻译，参照国际标准将计算量纲进行了统一，并将数据进行清洗、查漏补缺及相关指标计算，最终按照数据入库标准将数据人工录入，且经过二次审查，质量可靠。

数据应用成果：可应用于农业科学研究、经济统计与自然地理研究等，支撑农业相关科学研究和政策制定。

（3）数据集内容

中蒙俄国际经济走廊耕地数据集包含 2010 年、2015 年、2018 年中蒙俄国际经济走廊范围内中国、俄罗斯和蒙古国的主要耕地数据，含增加值、增加值增长率、各谷物产量、总播种面积、第一产业增加值等数据，内容节选如表 1-2 所示。

---

① 属性数据指为表格或文本数据。全书同。

考察区伊尔库茨克周边典型草地见图 1-21。

表 1-2 中蒙俄国际经济走廊耕地数据集部分指标示列

指标项	2010 年	2015 年	2018 年
第一产业增加值占生产总值比例/%	350.50	367.20	0.60
第一产业增加值/百万图格里克	545 133.79	1 382 786.13	1 623 049.05
增长率/%	62.00	153.66	17.38
总播种面积/hm²	246 530.00	437 120.80	396 304.30
增长率/%	59.70	77.31	9.34

图 1-21 典型耕地考察

伊尔库茨克周边农业生产实现了大型机械化，当地大量种植玉米、燕麦和油菜等

1.2.6 乌苏里江流域 30m 土地覆被数据集（2018 年）

（1）数据集元数据

数据集标题：乌苏里江流域 30m 土地覆被数据集（2018 年）。

数据集摘要：该数据为基于 Landsat 数据解译的乌苏里江流域 2018 年 30m 分辨率土地覆被数据，含一级类与二级类。一级类数据集将地表覆被分为 7 类，分别为林地、耕地、草地、建设用地、湿地、水体、其他，二级类数据集将地表覆被分为 22 类，分别是针阔混交林、落叶阔叶林、常绿针叶林、旱地、水田、沼泽、湖泊、灌丛草地、落叶针叶林、河湖滩地、农村居民地、草甸、河流、裸地、交通用地、城镇建设用地、草丛、裸岩、工矿用地、水库/坑塘、灌丛、园地。

数据集空间范围：乌苏里江流域。

数据关键词：乌苏里江流域、土地覆被、Landsat。

数据集时间：2018 年。

数据集格式：ESRI Shapefile。

数据集类型：矢量。

资源负责方：中国科学院地理科学与资源研究所。

通信地址：北京市朝阳区大屯路甲 11 号。

（2）数据集说明

数据集内容说明：乌苏里江流域 30m 土地覆被数据集包含 2018 年乌苏里江流域一级类和二级类土地覆被。

数据加工方法：收集乌苏里江流域 2018 年 Landsat 影像，结合野外考察调查资料，进行人工目视解译，由专业人员进行图形和属性质量检查。

数据质量描述：该数据由专业人员进行人工目视解译，解译结果进行了图形和属性质量检查，并进行了精度验证，总体分类精度为 89.90%，数据质量良好。

数据应用成果：该产品具有高分辨率、高精度的特征，可为乌苏里江流域生态环境研究提供可靠的依据，可广泛应用于农业科学研究、经济统计与自然地理研究等，支撑土地管理、农业相关科学研究和政策制定。

（3）数据集内容

该数据集如图 1-22 所示。乌苏里江流域 30m 土地覆被数据包含交通用地、农村居民地、园地、城镇建设用地、工矿用地、常绿针叶林、旱地、水田等 22 类二级类土地覆被类型和耕地、草地、湿地、水体等 7 类一级类土地覆被类型。

乌苏里江流域森林状况实地调查见图 1-23。

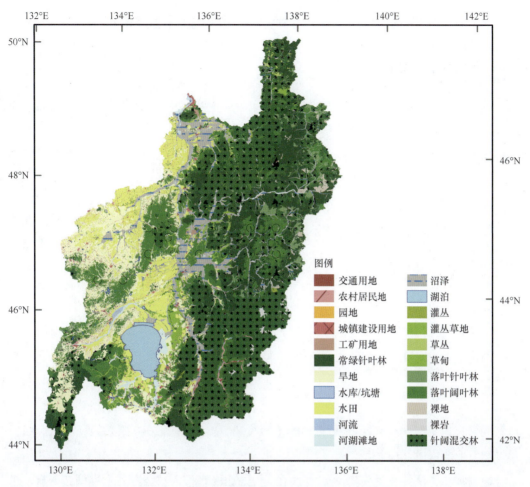

图例

交通用地	沼泽
农村居民地	湖泊
园地	灌丛
城镇建设用地	灌丛草地
工矿用地	草丛
常绿针叶林	草甸
旱地	落叶针叶林
水库/坑塘	落叶阔叶林
水田	裸地
河流	裸岩
河湖滩地	针阔混交林

图 1-22 乌苏里江流域土地覆被二级类（2018 年）

图 1-23 乌苏里江流域植被调查

左图为冷杉

1.2.7 兴凯湖流域 30m 土地覆被数据集（2010 年）

（1）数据集元数据

数据集标题：兴凯湖流域 30m 土地覆被数据集（2010 年）。

数据集摘要：该数据为基于 Landsat 数据解译的兴凯湖流域 2010 年 30m 分辨率土地覆被数据，含一级类与二级类。一级类数据集将地表覆被分为 7 类，二级类数据集将地表覆被分为 22 类。

数据集空间范围：兴凯湖流域。

数据关键词：兴凯湖流域、土地覆被、Landsat。

数据集时间：2010 年。

数据集格式：ESRI Shapefile。

数据集类型：矢量。

资源负责方：中国科学院地理科学与资源研究所。

通信地址：北京市朝阳区大屯路甲 11 号。

（2）数据集说明

数据集内容说明：兴凯湖流域 30m 土地覆被数据集包含 2010 年兴凯湖流域一级类和二级类土地覆被。

数据加工方法：收集兴凯湖流域 2010 年 Landsat 影像，结合野外考察调查资料，进行人工目视解译，由专业人员进行图形和属性质量检查。

数据质量描述：该数据由专业人员进行人工目视解译，解译结果进行了图形和属性质量检查，并进行了精度验证，总体分类精度为 92.56%，数据质量良好。

数据应用成果：该产品具有高分辨率、高精度的特征，可为兴凯湖流域生态环境研究提供可靠的依据，可广泛应用于农业科学研究、经济统计与自然地理研究等，支撑土地管理、农业相关科学研究和政策制定。

（3）数据集内容

该数据集如图 1-24 所示。兴凯湖流域 30m 土地覆被数据包含交通用地、农村居民地、园地、城镇建设用地、工矿用地、常绿针叶林、旱地、水田等 22 类二级类土地覆被类型和耕地、草地、湿地、水体等 7 类一级类土地覆被类型。

兴凯湖实地调查见图 1-25，样本采集见图 1-26。

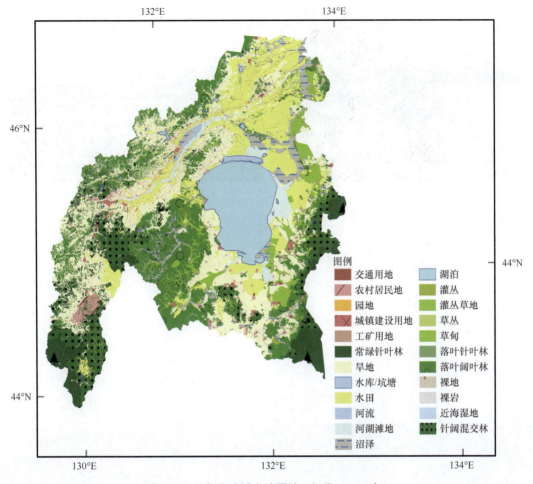

图 1-24　兴凯湖流域土地覆被二级类（2010 年）

图例

交通用地	湖泊
农村居民地	灌丛
园地	灌丛草地
城镇建设用地	草丛
工矿用地	草甸
常绿针叶林	落叶针叶林
旱地	落叶阔叶林
水库/坑塘	裸地
水田	裸岩
河流	近海湿地
河湖滩地	针阔混交林
沼泽	

图 1-25　兴凯湖考察

2019 年 5 月中俄科学家在兴凯湖进行实地野外考察，左一为孙九林院士

图 1-26　兴凯湖水体样本采集

第 2 章　　战略性资源格局与潜力数据

2.1　耕地资源与淡水资源数据/图集

2.1.1　中蒙俄国际经济走廊 43 个行政区地表水资源量及水资源负载指数（2016 年）

（1）数据集元数据

数据集标题：中蒙俄国际经济走廊 43 个行政区地表水资源量及水资源负载指数（2016 年）。

数据集摘要：该数据集包含 2016 年中蒙俄国际经济走廊考察区 43 个行政区的地表水水资源量及负载指数的调查数据，主要有区域属性、降水指标、水资源量指标、水资源供水量、水资源用水量等内容。

数据集空间范围：数据覆盖中蒙俄国际经济走廊考察区包括鄂尔浑省、达尔汗乌勒省、乌兰巴托、戈壁苏木贝尔省、色楞格省、中央省、中戈壁省、肯特省等在内的 43 个行政区，经度范围为 92°18′8″E ～116°36′20″E，纬度范围为 47°18′38″N～56°13′01″N。

数据关键词：中蒙俄国际经济走廊、地表水、水资源量、负载指数。

数据集时间：2016 年。

数据集格式：Excel。

数据集类型：属性。

资源负责方：中国科学院地理科学与资源研究所。

通信地址：北京市朝阳区大屯路甲 11 号。

（2）数据集说明

数据集内容说明：中蒙俄国际经济走廊 43 个行政区地表水资源量及水资源负载指数数据文件按照各个要素分类，主要有区域属性（编号、行政区、时间、面积、人口、GDP）、降水指标（年降水量、降水相关系数 K）、水资源量指标（地表水资源量、径流深、水资源负载指数）、水资源供水量（地表水供水量、地下水供水量、其他供水量）、水资源用水量（生活用水量、工业用水量、农业用水量、人工生态环境补水用水量）等内容。

数据加工方法：全面收集 2016 年中蒙俄国际经济走廊 43 个行政区水资源的统计数据，结合实地调研获取的准确数据进行验证，由专业人员对外文资料进行翻译，参照国际标准将中蒙俄三国计算标准和量纲不一致的部分进行统一，并将数据进行清洗、查漏补缺及相关指标的计算。

数据质量描述：该数据集将收集的统计数据进行了实地调研，并结合当地的准确资料进行验证，数据加工过程中，由专业人员对外文资料进行翻译，参照国际标准将中蒙俄三国计算量纲进行统一，并将数据进行清洗、查漏补缺及相关指标计算，最终参考《水资源公报编制规程》（GB/T 23598—2009）将数据人工录入，且经过二次审查。

数据应用成果：主要应用于水文学、地理学等相关方面的研究，可支撑水文相关行业的政策制定。

（3）数据集内容

中蒙俄国际经济走廊43个行政区地表水资源量及水资源负载指数文件按照各个要素分类，主要包含区域属性、降水指标、水资源量指标、水资源供水量、水资源用水量，节选部分如表2-1所示。

考察区俄罗斯布拉茨克水电站见图2-1。

表2-1　中蒙俄国际经济走廊43个行政区地表水资源量及水资源负载部分指数示例（2016年）

行政区	面积/万 km²	人口/万人	GDP/亿美元	年降水量/mm
鄂尔浑省	844	10.18	5.17	400
达尔汗乌勒省	3 275	10.19	1.81	297
乌兰巴托	4 704	144.04	73.21	274
列宁格勒州	83 908	177.88	136.78	823
内蒙古自治区	1 183 000	2 520.1	2 801.89	339

图2-1　俄罗斯布拉茨克水电站

2.1.2　中蒙俄国际经济走廊主要流域地表水水资源量（2001～2016年）

（1）数据集元数据

数据集标题：中蒙俄国际经济走廊主要流域地表水水资源量（2001～2016年）。

数据集摘要：该数据集涵盖2001～2016年中蒙俄国际经济走廊考察区主要流域，主要包括伏尔加河流域、顿河流域、黑龙江–阿穆尔河流域、勒拿河流域、叶尼塞河流域、鄂毕河流域、北德维纳河流域、伯朝拉河流域在内的多个流域的地表水水资源量调查数据。

数据集空间范围：该数据集覆盖中蒙俄国际经济走廊考察区包括伏尔加河流域、顿河流域、黑龙江–阿穆尔河流域、勒拿河流域、叶尼塞河流域、鄂毕河流域、北德维纳河流域、伯朝拉河流域在内的多个流域，经度范围为 92°18′8″E～116°36′20″E，纬度范围为 47°18′38″N～56°13′01″N。

数据关键词：中蒙俄国际经济走廊、地表水、水资源量。

数据集时间：2001～2016 年。

数据集格式：Excel。

数据集类型：属性。

资源负责方：中国科学院地理科学与资源研究所。

通信地址：北京市朝阳区大屯路甲 11 号。

（2）数据集说明

数据集内容说明：中蒙俄国际经济走廊主要流域地表水水资源量数据主要包括伏尔加河流域、顿河流域、黑龙江–阿穆尔河流域、勒拿河流域、叶尼塞河流域、鄂毕河流域、北德维纳河流域、伯朝拉河流域在内的多个流域的地表水水资源量调查数据。数据文件按照各个要素分类，包含流域、时间、地表水资源量等指标。

数据加工方法：该数据集以收集的 2001～2016 年的水资源统计数据为基础，结合实地调研获取的准确资料进行验证，外文资料由专业人员进行翻译，参照国际标准，统一中蒙俄三国计算标准及量纲不一致的部分，并将数据进行清洗、查漏补缺及相关指标的计算。

数据质量描述：该数据集将收集的统计数据进行了实地调研，并结合当地的准确资料进行验证，数据加工过程中，由专业人员对外文资料进行翻译，参照国际标准将量纲进行统一，并将数据进行清洗、查漏补缺及相关指标计算，最终参考《水资源公报编制规程》（GB/T 23598—2009）将数据人工录入，且经过二次审查。

数据应用成果：面向科学研究和技术服务部门，主要应用于水文学、地理学等相关方面的研究，可支撑水文相关行业的政策制定。

（3）数据集内容

中蒙俄国际经济走廊主要流域地表水水资源量数据，数据时间跨度为 2001～2016 年，包括伏尔加河流域、顿河流域、黑龙江–阿穆尔河流域、勒拿河流域、叶尼塞河流域、鄂毕河流域、北德维纳河流域、伯朝拉河流域等众多流域，节选部分数据如表 2-2 所示。

表 2-2　中蒙俄国际经济走廊主要流域地表水水资源量示例

编号	流域	年份	地表水资源量/亿 m³
1	伏尔加河流域	2016	2650
2	顿河流域	2016	139
3	黑龙江–阿穆尔河流域	2016	4260

编号	流域	年份	地表水资源量/亿 m³
4	勒拿河流域	2016	6420
5	叶尼塞河流域	2016	5360
6	鄂毕河流域	2016	4600
7	北德维纳河流域	2016	974
8	伯朝拉河流域	2016	1300

2.1.3　中蒙俄国际经济走廊四大湖泊水位数据集（2002～2016 年）

（1）数据集元数据

数据集标题：中蒙俄国际经济走廊四大湖泊水位数据集（2002～2016 年）。

数据集摘要：该数据集包含 2002～2016 年中蒙俄国际经济走廊考察区主要湖泊，包括贝加尔湖、库苏古尔湖、兴凯湖、呼伦湖四大湖泊的年均水位数据。

数据集空间范围：该数据集覆盖中蒙俄国际经济走廊考察区贝加尔湖、库苏古尔湖、兴凯湖、呼伦湖四大湖泊，经度范围为 92°18′8″E～116°36′20″E，纬度范围为 47°18′38″N～56°13′01″N。

数据关键词：中蒙俄国际经济走廊、湖泊、水位数据。

数据集时间：2002～2016 年。

数据集格式：Excel。

数据集类型：属性。

资源负责方：中国科学院地理科学与资源研究所。

通信地址：北京市朝阳区大屯路甲 11 号。

（2）数据集说明

数据集内容说明：中蒙俄国际经济走廊四大湖泊水位的数据主要包括 2002～2016 年贝加尔湖、库苏古尔湖、兴凯湖、呼伦湖四大湖泊的年均水位数据，数据包含编号、湖泊、年份、年平均水位四个字段。

数据加工方法：该数据集通过收集长时间序列统计数据，结合实地调研获取的湖泊水位准确资料进行验证，由专业人员对外文资料进行翻译，参照国际标准，统一中蒙俄三国统计标准及量纲不一致的部分，并将数据进行清洗、查缺补漏及相关指标的计算。

数据质量描述：该数据集将收集的统计数据进行了实地调研，并结合当地的准确资料进行验证，数据加工过程中，外文资料由专业人员进行翻译，参照国际标准将中蒙俄三国计算量纲进行统一，并将数据进行清洗、查漏补缺及相关指标计算，最终参考《水质 湖泊和水库采样技术指导》（GB/T 14581—93）将数据人工录入，且经过二次审查。

数据应用成果：面向科学研究和技术服务部门，主要应用于水文学、地理学等相关方面的研究，可支撑水文相关行业的政策制定。

（3）数据集内容

中蒙俄国际经济走廊四大湖泊水位数据时间为 2002～2016 年，包括贝加尔湖、库苏古尔湖、兴凯湖、呼伦湖四大湖泊，节选部分数据如表 2-3 所示。

表 2-3　中蒙俄国际经济走廊四大湖泊水位数据示例

编号	湖泊	年份	年平均水位/m
1	贝加尔湖	2016	455.10
2	库苏古尔湖	2016	1646.66
3	兴凯湖	2016	71.86
4	呼伦湖	2016	544.98

2.1.4　中蒙俄国际经济走廊主要河流日尺度径流数据集（2000～2019 年）

（1）数据集元数据

数据集标题：中蒙俄国际经济走廊主要河流日尺度径流数据集（2000～2019 年）。

数据集摘要：该数据集整理和收集了 2000 年 1 月 1 日至 2019 年 12 月 31 日中蒙俄国际经济走廊考察区主要河流，包括鄂毕河、叶尼塞河、勒拿河三大河流的日尺度径流调查数据。

数据集空间范围：该数据集覆盖中蒙俄国际经济走廊考察区的鄂毕河、叶尼塞河、勒拿河三大河流，经度范围为 92°18′8″E～116°36′20″E，纬度范围为 47°18′38″N～56°13′01″N。

数据关键词：中蒙俄国际经济走廊、径流数据、日尺度。

数据集时间：2000～2019 年。

数据集格式：Excel。

数据集类型：属性。

资源负责方：中国科学院地理科学与资源研究所。

通信地址：北京市朝阳区大屯路甲 11 号。

（2）数据集说明

数据集内容说明：中蒙俄国际经济走廊主要河流日尺度径流数据（2000～2019 年）主要包括鄂毕河、叶尼塞河、勒拿河等主要河流的日尺度径流调查数据。数据文件按照各个要素分类，有编号、流域、时间、地表水资源量等字段。

数据加工方法：实地调研获取中蒙俄国际经济走廊主要河流日尺度径流资料，由专业人员对外文资料进行翻译，按照国际标准统一中蒙俄三国计算标准及量纲不一致的部分，并将数据进行清洗、查漏补缺及相关指标的计算。

数据质量描述：该数据集将收集的统计数据，进行了实地调研并结合当地的准确资料进行验证，数据加工过程中，由专业人员对外文资料进行翻译，参照国际标准将量纲进行统一，并将数据进行清洗、查漏补缺及相关指标计算，最终参考《地理实体编码 河流》（GB/T 40760—2021）将数据人工录入，且经过二次审查。

数据应用成果：面向科学研究和技术服务部门，主要应用于水文学、地理学等相关方面的研究，可支撑水文相关行业的政策制定。

（3）数据集内容

中蒙俄国际经济走廊主要河流日尺度径流数据（2000～2019 年）包括鄂毕河、叶尼塞河、勒拿河三大河流的日尺度径流调查数据，节选部分如表 2-4 所示。

表 2-4   中蒙俄国际经济走廊主要河流日尺度径流数据示例

编号	河流	时间	日径流量/(m³/s)
1	鄂毕河	2000 年 1 月 1 日	5 220
2	鄂毕河	2019 年 12 月 31 日	6 750
3	叶尼塞河	2000 年 1 月 1 日	9 850
4	叶尼塞河	2019 年 12 月 31 日	10 400
5	勒拿河	2000 年 1 月 1 日	3 160
6	勒拿河	2019 年 12 月 31 日	4 300

2.1.5   中蒙俄国际经济走廊地表水理化指标数据集（1999～2018 年）

（1）数据集元数据

数据集标题：中蒙俄国际经济走廊地表水理化指标数据集（1999～2018 年）。

数据集摘要：该数据集整理和收集了 1999～2018 年中蒙俄国际经济走廊考察区的地表水理化指标采样及调查数据。地表水理化指标数据包括河水、湖水、河漫滩水样、河床底泥、发电站水样，含有样品位置、样品类型、采样点编号、采样时间、经度、纬度、高程、透明度、水温、pH、溶解氧、TDS、浑浊度、叶绿素、导电率、氧化还原电位（Eh）等字段数据。

数据集空间范围：该数据覆盖赤塔河、色楞格河、别拉亚河、乌达河、伊亚河、比留萨河、波伊马河、坎斯克河、叶尼塞河、雷布纳亚河、巴尔古津河、阿尔加达河、马克西姆卡河、贝加尔湖、库苏古尔湖、小兴凯湖、呼伦湖等在内的 38 个河流及湖泊位置，经度范围为 92°18′8″E～116°36′20″E，纬度范围为 47°18′38″N～56°13′01″N。

数据关键词：中蒙俄国际经济走廊、地表水、理化指标数据。

数据集时间：1999～2018 年，其中，贝加尔湖湖水数据为 2010～2015 年时间段；赤塔河、色楞格河（河水、河床底泥）数据为 2015～2017 年的日采样数据；库苏古尔湖、小兴凯湖和呼伦湖数据分别为 1999 年、2013 年和 2017 年月采样数据；其他数据均为 2018 年采样数据。

数据集格式：Excel。

数据集类型：属性。

资源负责方：中国科学院地理科学与资源研究所。

通信地址：北京市朝阳区大屯路甲 11 号。

（2）数据集说明

数据集内容说明：中蒙俄国际经济走廊地表水理化指标数据（1999～2018 年）包括河水、湖水、河漫滩水样、河床底泥、发电站水样等地表水理化指标的采样及调查数据，文件按照各个要素分类，主要包含样品属性、环境指标、八大离子、常见元素、营养盐、常量元素、微量元素、重金属元素等。

数据加工方法：本数据集通过野外采集地表水水样，由专业实验室进行理化指标分析得到。

数据质量描述：样品的采集利用 GPS 定位技术进行记录，采样人和化验人均进行了专业培训，考核合格后上岗。建立了地表水理化指标数据质量管理有关规定，保证样品采集、保存、运输、前处理、实验室分析及数据汇总全过程的质量。

数据应用成果：主要应用于水文学、地理学、环境与生态监测等相关方面的研究，可支撑水资源质量分析及水文相关行业政策制定。

（3）数据集内容

数据集内容说明：中蒙俄国际经济走廊地表水理化指标数据（1999～2018 年）包括河水、湖水、河漫滩水样、河床底泥、发电站水样等地表水的采样及调查数据，数据文件按照各个要素分类，主要包括样品属性（样品位置、样品类型、采样点编号、采样时间）、环境指标（经度、纬度、高程、透明度、水文、pH、溶解氧、TDS、浑浊度、叶绿素、电导率、氧化还原电位）、八大离子（CO_3^{2-}、HCO_3^-、SO_4^{2-}、Cl^-、Ca^{2+}、Mg^{2+}、Na^+、K^+）、常见元素、营养盐（TN、TP）、微量元素（Ni、Sr、Ba）、重金属元素（Cu、Pb、Zn、Cr、Cd、As、Hg），节选部分如表 2-5 所示。

考察区内典型地表水取样地色楞格河三角洲环境见图 2-2。

表 2-5　中蒙俄国际经济走廊地表水理化部分指标数据示例

水系	pH	CO_3^{2-}/（mg/L）	HCO_3^-/（mg/L）	SO_4^{2-}/（mg/L）
赤塔河	7.58±0.20	1.76±0.37	40.9±4.1	10.2±1.4
色楞格河	7.84	<0.1	120.78±1.20	10.69±0.07
别拉亚河	7.95	0	65.88	20.5±2.6
乌达河	7.71	0	58.56	26.7±3.3
伊亚河	7.29	0	42.944	17.4±2.2

注：采样时间为 2017～2018 年

图 2-2 典型地表水采样地周边环境

色楞格河是汇入贝加尔湖的主要河流，在河口形成了三角洲

2.1.6 中蒙俄国际经济走廊淡水资源空间分布图集（2015～2021 年）

（1）数据集元数据

数据集标题：中蒙俄国际经济走廊淡水资源空间分布图集（2015～2021 年）。

数据集摘要：中蒙俄国际经济走廊淡水资源图集主要包括中蒙俄国际经济走廊降水量空间分布图、地表水资源量空间分布图、地表水产水模数空间分布图、地表水径流模数空间分布图等。

数据集空间范围：中蒙俄国际经济走廊淡水资源图集覆盖经济走廊范围内的中国、蒙古国和俄罗斯地区，经度为 26°40′39″E～147°16′45″E，纬度为 37°24′31″N～64°17′0″N。

数据关键词：中蒙俄国际经济走廊、淡水资源、空间分布。

数据集时间：2015～2021 年。

数据集格式：ESRI Shapefile。

数据集类型：矢量。

资源负责方：中国科学院地理科学与资源研究所。

通信地址：北京市朝阳区大屯路甲 11 号。

（2）数据集说明

数据集内容说明：中蒙俄国际经济走廊淡水资源空间分布图集（2015～2021 年）包含降水量、地表水资源量、产水模数、地表水径流模数、地表水年径流深、水资源负载指数及地表水采样点等多种要素。

数据加工方法：该图集通过收集长时间序列统计数据，结合实地调研获取的淡水资源数据进行验证，由专业人员对外文资料进行翻译，参照国际标准统一中蒙俄三国计算标准及量纲不一致的部分，并将数据进行清洗、查漏补缺及相关指标的计算，最终由专业人员进行空间化得到。

数据质量描述：该图集将收集的统计数据与实地调研得到的水文资料进行验证，数据加工过程中，外文资料由专业人员进行翻译，参照国际标准将量纲进行统一，并将数据进行清洗、查漏补缺及相关指标计算，且经过二次审查，最终由专业人员进行空间化绘制成图，质量可靠。

数据应用成果：面向科学研究和技术服务部门，主要应用于水文学、地理学等相关方面的研究，可支撑水文相关行业的政策制定。

（3）数据集内容

中蒙俄国际经济走廊淡水资源空间分布图集（2015～2021 年）部分图如图 2-3 所示，主要包括中蒙俄国际经济走廊降水量空间分布图、地表水资源量空间分布图、地表水产水模数空间分布图、地表水径流模数空间分布图等图件，包含降水量、地表水资源量、地表水产水模数、地表水径流模数、地表水年径流深、水资源负载指数及地表水采样点等多种要素。

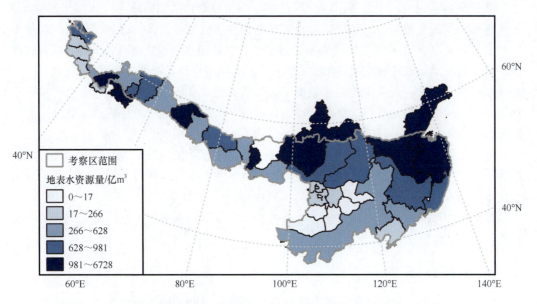

图 2-3　考察区淡水资源行政单元空间分布示意（2015～2021 年）

水资源量计算受河流影响与考察区范围不完全重合

2.2 森林生态资源数据集

2.2.1 中蒙俄国际经济走廊俄罗斯段森林类型数据库（1990～2002 年）

（1）数据集元数据

数据集标题：中蒙俄国际经济走廊俄罗斯段森林类型数据库（1990～2002 年）。

数据集摘要：中蒙俄国际经济走廊俄罗斯段森林类型数据库数据时间为 1990～2002 年，空间覆盖范围包括俄罗斯克拉斯诺亚尔斯克边疆区、环贝加尔湖地区，以及远东部分地区，数据集包括林型、群落类型编码、森林类型等字段。

数据集空间范围：俄罗斯克拉斯诺亚尔斯克边疆区、环贝加尔湖地区，以及远东部分地区。

数据关键词：俄罗斯、森林类型、群落类型。

数据集时间：1990～2002 年。

数据集格式：Excel。

数据集类型：属性。

资源负责方：中国科学院地理科学与资源研究所。

通信地址：北京市朝阳区大屯路甲 11 号。

（2）数据集说明

数据集内容说明：中蒙俄国际经济走廊俄罗斯段森林类型数据库（1990～2002 年）主要包括俄罗斯克拉斯诺亚尔斯克边疆区、环贝加尔湖地区，以及远东部分地区森林类型及俄罗斯 1∶400 万森林类型等数据。俄罗斯克拉斯诺亚尔斯克边疆区、环贝加尔湖地区，以及远东部分地区等地区的森林类型表中主要字段有森林类型、群落类型编码等。

数据加工方法：获取原始遥感数据并进行数据处理和信息提取，进行实地考察，依据考察获取的准确数据及当地资料对原始数据进行验证和补充，最后将加工处理完善的数据参照国际标准整理而成。

数据质量描述：原始遥感数据质量可靠，并由考察队员进行了数据的实地验证，数据转换后由专人进行完整性、精度、拓扑关系及属性的审查，最终参照《林业资源分类与代码 森林类型》（GB/T 14721—2010）将数据录入，并经过二次审查。

数据应用成果：应用于植被生态学、森林学及森林生态学等方面，可支撑相关行业科学研究及政策制定。

（3）数据集内容

中蒙俄国际经济走廊俄罗斯段森林类型数据库（1990～2002 年）主要包括林型、群落类型编码、森林类型等字段，部分数据如表 2-6 所示。

考察区典型森林景观见图 2-4。

表 2-6　中蒙俄国际经济走廊俄罗斯段森林类型数据库（1990～2002 年）节选

林型	群落类型编码	面积/km²	森林类型
43	106	244 037	雪松云杉和冷杉云杉林
47	48	176 494	松树林（樟子松）
53	9	1 827	松树林
56	47	119 851	橡树林
126	41	90 624	灌木林–阔叶林序列

图 2-4　考察区典型森林景观

俄罗斯贝加尔湖沿岸森林生长状况

2.2.2　中蒙俄国际经济走廊俄罗斯段森林资源林龄结构数据（2020 年）

（1）数据集元数据

数据集标题：中蒙俄国际经济走廊俄罗斯段森林资源林龄结构数据（2020 年）。

数据集摘要：中蒙俄国际经济走廊俄罗斯段森林资源林龄结构数据时间为 2020 年，主要包括俄罗斯地区优势树种、拉丁学名、林龄组、幼龄林、中龄林、近熟林、成/过熟林等字段。

数据集空间范围：中蒙俄国际经济走廊俄罗斯段。

数据关键词：俄罗斯、森林资源、林龄结构。

数据集时间：2020 年。

数据集格式：Excel。

数据集类型：属性。

资源负责方：中国科学院地理科学与资源研究所。

通信地址：北京市朝阳区大屯路甲 11 号。

（2）数据集说明

数据集内容说明：中蒙俄国际经济走廊俄罗斯段森林资源林龄结构数据（2020年）主要包括俄罗斯地区（州、边疆区、共和国）、优势树种（中文树种名）、拉丁学名（Dominant species）、林龄组（Age-class group）、幼龄林（Young stands）、中龄林（Middle-aged）、近熟林（Premature）、成/过熟林（Mature/Overmature）、合计（Total）等字段。

数据加工方法：获取 2020 年俄罗斯段的森林资源林龄结构资料，进行实地调研和当地数据资料的获取，由专业人员对外文资料进行翻译，将数据标准统一为国际标准，并将数据进行验证、清洗和数据重分类。

数据质量描述：该数据集将收集的数据进行了实地调研并结合当地的准确资料进行验证，数据加工过程中，由专业人员对外文资料进行翻译，参照国际标准将数据进行清洗、查漏补缺及组别的重分类，最终参考《林业资源分类与代码 森林类型》（GB/T 14721—2010）将数据人工录入，且经过二次审查。

数据应用成果：应用于植被生态学、森林学及森林生态学等方面，可支撑相关行业科学研究及政策制定。

（3）数据集内容

中蒙俄国际经济走廊俄罗斯段森林资源林龄结构数据（2020年）主要包括俄罗斯地区优势树种、拉丁学名、林龄组、幼龄林、中龄林、近熟林、成/过熟林等字段（表2-7）。

白桦林样地调查见图2-5。

表 2-7 中蒙俄国际经济走廊俄罗斯段森林资源林龄结构数据（2020 年）（单位：百万 m³）

俄罗斯地区（州、边疆区、共和国）	优势树种	中龄林	近熟林
基洛夫州	挪威云杉	107.1	54.8
鞑靼斯坦共和国	欧洲山杨	15.3	7
彼尔姆边疆区	云杉	138	110.7
斯维尔德洛夫斯克州	欧洲赤松	214.4	109.2
阿尔泰边疆区	欧洲赤松	98.1	62.9
新西伯利亚州	桦树	72.7	86.1
鄂木斯克州	欧洲赤松	33.5	15.4

图 2-5　白桦林样地调查

左图为哈巴罗夫斯克（伯力）白桦林调查，右图为伊尔库茨克白桦林调查

2.2.3　俄罗斯联邦森林覆盖率数据集（2016 年）

（1）数据集元数据

数据集标题：俄罗斯联邦森林覆盖率数据集（2016 年）。

数据集摘要：俄罗斯联邦森林覆盖率数据时间为 2016 年，主要包括俄罗斯联邦行政区、森林覆盖率等字段。

数据集空间范围：俄罗斯联邦。

数据关键词：俄罗斯联邦、森林、覆盖率。

数据集时间：2016 年。

数据集格式：Excel。

数据集类型：属性。

资源负责方：中国科学院地理科学与资源研究所。

通信地址：北京市朝阳区大屯路甲 11 号。

（2）数据集说明

数据集内容说明：俄罗斯联邦森林覆盖率数据集（2016 年）主要包括俄罗斯联邦行政区（州、边疆区、共和国）、森林覆盖率（%）等字段。

数据加工方法：获取俄罗斯联邦统计局 2016 年的森林覆盖率资料，由科考队员进行实地考察验证并收集当地准确的统计资料，由专业人员对外文资料进行翻译，参照国际标准将数据进行清洗、查漏补缺及相关计算。

数据质量描述：本数据集将收集的数据进行了实地调研，并结合当地的准确资料进行验证，数据加工过程中，由专业人员对外文资料进行翻译，参照国际标准将数据进行清洗、查漏补缺及相关指标计算，最终按照入库标准将数据人工录入，且经过二次审查。

数据应用成果：可应用于植被生态学、森林学及森林生态学等方面，支撑相关行业科学研究及政策制定。

（3）数据集内容

俄罗斯联邦森林覆盖率数据时间为 2016 年，包括俄罗斯联邦行政区（州、边疆区、共和国）、森林覆盖率（%）等数据（表 2-8）。

俄罗斯新西伯利亚切马尔山原始森林考察见图 2-6。

表 2-8　俄罗斯联邦森林覆盖率数据（2016 年）　　　　　　　（单位：%）

行政区	森林覆盖率
伊尔库茨克州	82.70
鄂木斯克州	32.30
奥廖尔州	8.00
利佩茨克州	7.70
达吉斯坦共和国	7.20
卡尔梅克共和国	0.20

图 2-6　俄罗斯新西伯利亚切马尔山原始森林考察（2016 年）

2.3　旅游资源数据/图集

2.3.1　中蒙俄国际经济走廊口岸城市旅游收入和旅游人次数据集（2010～2018 年）

（1）数据集元数据

数据集标题：中蒙俄国际经济走廊口岸城市旅游收入和旅游人次数据集（2010～2018 年）。

数据集摘要：本数据集整理和收集了中蒙俄国际经济走廊口岸城市 2010～2018 年

的旅游发展相关数据，包含口岸区、城市、旅游收入、旅游人次等内容。

数据集空间范围：中蒙俄国际经济走廊口岸城市。

数据关键词：中蒙俄国际经济走廊、口岸城市、旅游收入、旅游人次。

数据集时间：2010～2018 年。

数据集格式：Excel。

数据集类型：属性。

资源负责方：中国科学院地理科学与资源研究所。

通信地址：北京市朝阳区大屯路甲 11 号。

（2）数据集说明

数据集内容说明：中蒙俄国际经济走廊口岸城市旅游收入和旅游人次数据集（2010～2018 年）主要包括年份、口岸区、城市、旅游收入、旅游人数等字段。

数据加工方法：该数据集通过收集长时间序列统计数据，结合实地调研获取的数据资料进行验证，由专业人员对外文资料进行翻译，参照国际标准统一量纲，将数据进行清洗、查漏补缺及相关指标的计算。

数据质量描述：该数据集将收集的统计数据进行了实地调研，并结合当地准确资料进行了验证，数据加工过程中，由专业人员对外文资料进行翻译，参照国际标准统一中蒙俄三国计算量纲，将数据进行清洗、查漏补缺及相关指标计算，按照入库标准将数据人工录入，且经过二次审查。

数据应用成果：面向科学研究和技术服务业，主要面向旅游资源的普查与应用，可支撑相关行业政策制定。

（3）数据集内容

中蒙俄经济国际走廊口岸城市旅游收入和旅游人次数据集（2010～2018 年）主要包括年份、口岸区、城市、旅游收入、旅游人数等字段，节选部分如表 2-9 所示。

俄罗斯后贝加尔斯克港口码头考察见图 2-7。

表 2-9　中蒙俄国际经济走廊口岸城市旅游收入和旅游人次数据集

口岸区	城市	2018 年旅游人数/万人次	2018 年旅游收入/亿元
黑龙江省佳木斯市抚远–俄罗斯哈巴罗夫斯克市（伯力）国际客货河运口岸	佳木斯市（抚远）	31.5	740.5
内蒙古满洲里市–俄罗斯赤塔州后贝加尔斯克市国际铁路/公路客货运输口岸	满洲里	144.4	672
内蒙古二连浩特铁路/公路口岸	二连浩特市	53.15	225.5
内蒙古策克公路口岸	额济纳旗	704.21	68.2
内蒙古甘其毛都公路口岸	巴彦淖尔市	68.4	664

图 2-7 俄罗斯后贝加尔斯克港口码头考察

2.3.2 中蒙俄国际经济走廊重点城市旅游收入和旅游人次数据集（2010～2018 年）

（1）数据集元数据

数据集标题：中蒙俄国际经济走廊重点城市旅游收入和旅游人次数据集（2010～2018 年）。

数据集摘要：该数据集整理和收集了中蒙俄国际经济走廊重点城市 2010～2018 年旅游发展数据，主要包括年份、城市、旅游收入、旅游人数等内容。

数据集空间范围：中蒙俄国际经济走廊重点城市。

数据关键词：中蒙俄国际经济走廊、旅游收入、旅游人次。

数据集时间：2010～2018 年。

数据集格式：Excel。

数据集类型：属性。

资源负责方：中国科学院地理科学与资源研究所。

通信地址：北京市朝阳区大屯路甲 11 号。

（2）数据集说明

数据集内容说明：中蒙俄国际经济走廊重点城市旅游收入和旅游人次数据集（2010～2018 年）主要包括年份、城市、旅游收入、旅游人数等字段。

数据加工方法：收集长时间序列统计数据，结合实地调研获取的准确数据进行验证，由专业人员对外文资料进行翻译，参照国际标准统一量纲，并将数据进行清洗、查漏补缺及相关指标的计算。

数据质量描述：该数据集将收集的统计数据进行了实地调研，并结合当地的准确资料进行了验证，数据加工过程中，由专业人员对外文资料进行翻译，参照国际标准统一计算量纲，将数据进行清洗、查漏补缺及相关指标计算，人工录入数据，且经过二次审查。

数据应用成果：面向科学研究和技术服务业，主要面向旅游资源的普查与应用，可支撑相关行业政策制定。

（3）数据集内容

中蒙俄国际经济走廊重点城市旅游收入和旅游人次数据集（2010～2018 年）主要包括年份、城市、旅游收入、旅游人数等字段（表 2-10）。

表 2-10　中蒙俄国际经济走廊重点城市旅游收入和旅游人次数据集（2010～2018 年）节选

年份	指标项	呼和浩特市	乌兰察布市	吉林市	延边朝鲜族自治州
2016	旅游人数/万人次	1613.9	1400	4476.8	1860.5
	旅游收入/亿元（百万卢布）	617	120	678.2	334.9
2017	旅游人数/万人次	1821.3	1600	5083	2143.86
	旅游收入/亿元（百万卢布）	759.16	150	801	404.99
2018	旅游人数/万人次	4372.44	1760	5946	2432.62
	旅游收入/亿元（百万卢布）	924.05	172	1004.1	473.03

2.3.3　中蒙俄国际经济走廊旅游资源分布图集（2017 年）

（1）数据集元数据

数据集标题：中蒙俄国际经济走廊旅游资源分布图集（2017 年）。

数据集摘要：本图集整理和收集了 2017 年中蒙俄国际经济走廊研究区自然和文化旅游资源数据，主要包含研究区自然和文化旅游资源分布底图、自然和文化旅游资源点及旅游资源等图件。

数据集空间范围：研究区横跨中国东北及华北边境地区、蒙古国、俄罗斯东西伯利亚和远东南部。

数据关键词：中蒙俄国际经济走廊、旅游资源、分布图集。

数据集时间：2017 年。

数据集格式：ESRI Shapefile。

数据集类型：矢量。

资源负责方：中国科学院地理科学与资源研究所。

通信地址：北京市朝阳区大屯路甲 11 号。

（2）数据集说明

数据集内容说明：中蒙俄国际经济走廊旅游资源分布图集（2017 年）主要包括底图轮廓（世界地图、中蒙俄三国行政区、考察区省级行政区、中蒙俄国际经济走廊轮廓、国界线、重点城市点）和自然文化旅游资源点（世界文化遗产、世界自然景区、自然文化旅游资源）等内容。

数据加工方法：从世界自然保护联盟官网和联合国教育、科学及文化组织官网获取研究区 2017 年的自然旅游资源数据，统计整理成 Excel 数据库，导入专业制图软件生成旅游资源分布图，采用核密度分析法生成旅游资源核密度空间分布图，并进行实地调研验证。

数据质量描述：原始数据来源可靠，由专业的数据处理人员统一查询数据，将原始数据通过专业软件生成图集，通过图形完整性、精度、拓扑及属性数据检查，由专人对数据质量进行多次检查，并进行实地调研验证。

数据应用成果：可为中蒙俄国际经济走廊区域重大工程建设、产业布局、生态保护、资源利用、灾害防治等提供科学依据，可服务支撑区域生态文明建设。

（3）数据集内容

中蒙俄国际经济走廊旅游资源分布图集（2017 年）主要包括底图轮廓和自然文化旅游资源点等内容（图 2-8）。

中蒙俄国际经济走廊典型旅游资源考察见图 2-9 和图 2-10。

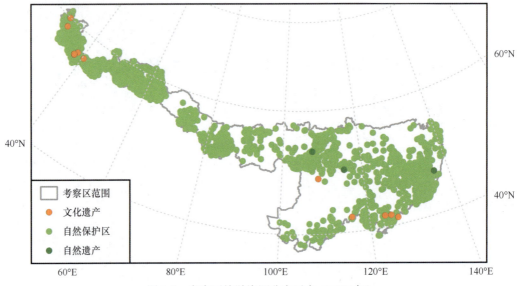

图 2-8　考察区旅游资源分布示意（2017 年）

图 2-9　俄罗斯贝加尔斯克旅游资源考察

俄罗斯贝加尔斯克国家自然保护区的湿地和植被景观

图 2-10 俄罗斯布里亚特共和国旅游资源考察

俄罗斯布里亚特共和国境内巴尔古津河上游地热资源丰富，拥有大量高质量的温泉，

形成了富有地方特色的温泉旅游区

第3章 城市化与基础设施

3.1 国际口岸城市基础设施

3.1.1 中蒙俄国际经济走廊城市全区 1∶25 万重点国际口岸（区）城市基础设施数据集（2018 年）

（1）数据集元数据

数据集标题：中蒙俄国际经济走廊城市全区 1∶25 万重点国际口岸（区）城市基础设施数据集（2018 年）。

数据集摘要：该数据集主要描述了中蒙俄国际经济走廊城市全区重点国际口岸（区）城市的基础设施情况，包括机场、公路、铁路等多项指标。

数据集空间范围：26°21′12″E～133°26′17″E，34°19′58″N～59°19′58″N。

数据关键词：中蒙俄国际经济走廊、国际口岸、城市、基础设施。

数据集时间：2018 年。

数据集格式：ESRI Shapefile。

数据集类型：矢量。

资源负责方：中国科学院地理科学与资源研究所。

通信地址：北京市朝阳区大屯路甲 11 号。

（2）数据集说明

数据集内容说明：该数据集主要描述了中蒙俄国际经济走廊城市全区重点国际口岸（区）城市的基础设施情况，包括机场、公路、铁路等指标，时间为 2018 年。

数据加工方法：采用集群式服务器进行数据处理工作，主要包括对中蒙俄国际经济走廊城市全区重点国际口岸（区）城市的原始遥感影像、地图等资料进行数字化、投影转换和裁剪，进行城市基础设施信息提取、矢量化。根据 1∶25 万矢量数据加工标准，使用专业软件进行数据的加工处理。

数据质量描述：参照《城市基础设施管理》（GB/T 32555—2016）标准，经专人对数据的完整性、精度、拓扑关系及属性进行审查，数据完整性、逻辑一致性、位置精度、属性精度、接边精度等均符合有关技术规定和标准规范，质量优良可靠。

数据应用成果：面向科学研究和技术服务业，主要为地理学、城市学、经济学、社会学等相关领域的科学研究工作提供比较全面的社会发展数据，可支撑行业政策制定。

（3）数据集内容

中蒙俄国际经济走廊城市全区 1∶25 万重点国际口岸（区）城市基础设施数据集

（2018 年）包括公路、铁路、港口、机场等指标，如图 3-1 所示。

图 3-1　重点国际口岸（区）城市基础设施数据集示意（2018 年）

3.1.2　中国东北及俄罗斯远东地区重点国际口岸（区）城市基础设施数据集（2015 年）

（1）数据集元数据

数据集标题：中国东北及俄罗斯远东地区重点国际口岸（区）城市基础设施数据集（2015 年）。

数据集摘要：该数据集包括中国东北及俄罗斯远东地区机场、公路、铁路等指标，主要描述了中国东北及俄罗斯远东地区重点国际口岸（区）的城市基础设施情况。

数据集空间范围：98°36′47″E～147°13′1″E，38°43′11″N～62°34′23″N，包括中国辽宁省、吉林省、黑龙江省、内蒙古自治区，以及俄罗斯布里亚特共和国、外贝加尔边疆区、滨海边疆区、哈巴罗夫斯克边疆区、阿穆尔州、犹太自治州 10 个省级行政区。

数据关键词：中国东北、俄罗斯远东地区、国际口岸、城市、基础设施。

数据集时间：2015 年。

数据集格式：Excel。

数据集类型：属性。

资源负责方：中国科学院东北地理与农业生态研究所。

通信地址：吉林省长春市高新北区盛北大街 4888 号。

（2）数据集说明

数据集内容说明：该数据集主要描述了中国东北及俄罗斯远东地区重点国际口岸（区）的城市基础设施情况，包括机场、公路、铁路等指标，时间为2015年。

数据加工方法：该数据集通过收集中国东北及俄罗斯远东地区重点国际口岸（区）的城市基础设施统计数据，结合实地调研获取的城市基础设施数据进行验证，由专业人员对外文资料进行翻译。因中俄两国计算标准及量纲不一致，参照《城市基础设施管理》（GB/T 32555—2016）标准统一量纲，并将数据进行清洗、查缺补漏及计算。

数据质量描述：参照《城市基础设施管理》标准，由专业人员对外文资料进行翻译，采用人工录入的方式，对数据进行两轮人工校核，将规范化整理的数据与原始数据进行抽查对比。数据精准性、完整性、一致性等均符合有关技术规定和标准规范，质量优良可靠。

数据应用成果：面向科学研究和技术服务业，主要为地理学、城市学等相关领域的科学研究工作提供比较全面的社会发展数据，可支撑城市规划等行业政策制定。

（3）数据集内容

该数据集包括公路、铁路、机场、出口货运量、进口货运量、出入境客运量等指标。2015年中国东北及俄罗斯远东地区重点国际口岸（区）城市基础设施数据集部分指标如表3-1所示。

国际口岸区实地调查见图3-2。

表3-1　中国东北及俄罗斯远东地区重点国际口岸（区）城市基础设施数据集部分指标（2015年）

重点国际口岸（区）	出口货运量/万t	进口货运量/万t	进出口货运量/万t	出境客运量/万人	入境客运量/万人	进出境客运量/万人
内蒙古满洲里市–俄罗斯赤塔州后贝加尔斯克市国际公路客货运输口岸	126.86	14.51	141.37	58.44	58.38	116.82
内蒙古额尔古纳市黑山头–俄罗斯旧粗鲁海图公路货物运输口岸	3.34	14.01	17.35	4.56	4.65	9.21
内蒙古额尔古纳右旗室韦–俄罗赤塔州奥洛契双边公路货物运输口岸	1.51	11.62	13.13	1.43	1.47	2.90
吉林省珲春–俄罗斯克拉斯基诺公路口岸	1.76	10.91	12.67	13.34	13.33	26.67
吉林省珲春–俄罗斯马哈林诺铁路口岸	0.02	112.69	112.71	0.16	0.16	0.32
黑龙江省佳木斯市抚远–俄罗斯巴罗夫斯市（伯力）国际客货河运口岸	1.2	4.7	5.9	4.2	4.2	8.4

重点国际口岸（区）	出口货运量/万 t	进口货运量/万 t	进出口货运量/万 t	出境客运量/万人	入境客运量/万人	进出境客运量/万人
黑龙江省绥芬河市–俄罗斯滨海边疆区波格拉尼奇内国际铁路客货运输口岸	15.1	756.2	771.3	16.9	1.9	18.8
黑龙江省绥芬河市–俄罗斯滨海边疆区波格拉尼奇内国际公路客货运输口岸	19.4	38.8	58.2	31.8	44.3	76.1

图 3-2　国际口岸实地调查

2018 年中国科学家考察中俄黑河–布拉戈维申斯克界河公路大桥建设情况。2022 年该大桥已通车

3.2 重点区域基础设施

3.2.1 中俄"三带两区"城市基础设施数据集（2015 年、2018 年）

（1）数据集元数据

数据集标题：中俄"三带两区"城市基础设施数据集（2015 年、2018 年）。

数据集摘要：该数据集反映了中俄"三带两区"（中俄沿海经济带、中俄跨境铁路经济带、中俄边境口岸经济带、中俄沿海重点区、中俄陆路口岸重点区）基础设施发展情况，包含公路里程、汽车货运量、水运客运量、水运货运量、医院与病床数量等数据指标。

数据集空间范围：98°36′47″E～147°13′1″E，38°43′11″N～62°34′23″N。

数据关键词：中国、俄罗斯、"三带两区"、城市、基础设施。

数据集时间：2015 年、2018 年。

数据集格式：Excel。

数据集类型：属性。

资源负责方：中国科学院地理科学与资源研究所。

通信地址：北京市朝阳区大屯路甲 11 号。

（2）数据集说明

数据集内容说明：该数据集主要描述了中俄"三带两区"的城市基础设施情况，包括中俄边境口岸经济带公路、中俄边境口岸经济带铁路、中俄跨境铁路经济带公路、中俄跨境铁路经济带铁路、中俄陆路口岸重点区公路、中俄陆路口岸重点区铁路、中俄沿海经济带公路、中俄沿海经济带铁路等指标，时间为 2015 年、2018 年。

数据加工方法：该数据集通过收集中俄"三带两区"城市基础设施统计数据，结合实地调研获取的城市基础设施数据进行验证，由专业人员对外文资料进行翻译，因中俄两国计算标准及量纲不一致，参照《城市基础设施管理》（GB/T 32555—2016）标准统一量纲，并将数据进行清洗、查缺补漏及计算。

数据质量描述：参照《城市基础设施管理》标准，由专业人员对外文资料进行翻译，采用人工录入的方式，对数据进行两轮人工校核，将规范化整理的数据与原始数据进行抽查对比。数据精准性、完整性、一致性等均符合有关技术规定和标准规范，质量优良可靠。

数据应用成果：面向科学研究和技术服务业，主要为人文社会科学有关领域的科学研究工作提供比较全面的社会发展数据，可支撑行业政策制定。

（3）数据集内容

该数据集包括公路里程、汽车货运量、水运客运量、水运货运量、医院与病床数量等指标。中俄"三带两区"城市基础设施数据集部分指标如表 3-2 所示。

俄罗斯新西伯利亚城市基础设施考察见图 3-3。

表 3-2　中俄"三带两区"城市基础设施数据集部分指标

城市	面积/万 km²	公路里程/km	公路密度/(km/万 km²)	医院数量/家	医院病床数/张	公路客运量/万人	公路货运量/万 t
大连市	1.32	12 786.0	96.54	304	41 569	5 929	26 283
丹东市	1.53	9 381.8	61.36	122	14 878	4 531	7 740
长春市	2.06	22 824.0	110.83	301	45 787	4 096	10 300
牡丹江市	3.88	12 255.3	31.56	151	16 868	655	2 749
哈尔滨市	5.31	25 010.0	47.12	462	72 951	4 117	7 567
伊春市	3.28	6 995.7	21.33	54	6 635	2 269	868
佳木斯市	3.27	13 485.4	41.23	175	13 923	704	4 452
黑河市	6.93	15 948.7	23.00	146	7 960	4 350	1 065
符拉迪沃斯托克（海参崴）	0.06	621.4	110.96	—	—	—	—
乌苏里斯克（双城子）	0.36	482.2	13.28	—	—	—	—

注：中国部分数据统计时间为 2015 年，俄罗斯部分数据统计时间为 2018 年

图 3-3　新西伯利亚城市基础设施考察

中国科学家考察新西伯利亚火车站，了解当地基础设施情况

3.2.2 中国东北及俄罗斯远东地区城市基础设施数据集（2015年、2018年）

（1）数据集元数据

数据集标题：中国东北及俄罗斯远东地区城市基础设施数据集（2015年、2018年）。

数据集摘要：该数据集包括中国东北及俄罗斯远东地区铁路里程、铁路密度、公路里程、公路密度、铁路客运/货运量、汽车客运/货运量、互联网普及率、医院数量等指标，主要描述了中国东北及俄罗斯远东地区的城市基础设施情况。

数据集空间范围：98°36′47″E～147°13′1″E，38°43′11″N～62°34′23″N，包括中国辽宁省、吉林省、黑龙江省，以及俄罗斯布里亚特共和国、外贝加尔边疆区、滨海边疆区、哈巴罗夫斯克边疆区、阿穆尔州、犹太自治州9个省级行政区。

数据关键词：中国东北、俄罗斯远东地区、城市、基础设施。

数据集时间：2015年、2018年。

数据集格式：Excel。

数据集类型：属性。

资源负责方：中国科学院地理科学与资源研究所。

通信地址：北京市朝阳区大屯路甲11号。

（2）数据集说明

数据集内容说明：该数据集主要描述了中国东北及俄罗斯远东地区的城市基础设施情况，包括铁路里程、铁路密度、公路里程、公路密度、铁路客运/货运量、汽车客运/货运量、互联网普及率、医院数量等指标，时间为2015年、2018年。

数据加工方法：该数据集通过收集中国东北及俄罗斯远东地区的城市基础设施统计数据，结合实地调研获取的城市基础设施数据进行验证，由专业人员对外文资料进行翻译，因中俄两国计算标准及量纲不一致，参照《城市基础设施管理》（GB/T 32555—2016）标准统一量纲，并将数据进行清洗、查缺补漏及计算。

数据质量描述：参照《城市基础设施管理》标准，由专业人员对外文资料进行翻译，采用人工录入的方式，对数据进行两轮人工校核，将规范化整理的数据与原始数据进行抽查对比。数据精准性、完整性、一致性等均符合有关技术规定和标准规范，质量优良可靠。

数据应用成果：该数据集主要应用于地理学、城市学、经济学、社会学等相关领域的科学研究工作，可支撑科学研究、技术服务、行业政策制定等工作。

（3）数据集内容

该数据集包含铁路里程、铁路密度、公路里程、公路密度、铁路客运/货运量、汽车客运/货运量、互联网普及率、医院数量等数据。2018年中国东北及俄罗斯远东地区城市基础设施数据集部分指标如表3-3所示。

表 3-3 中国东北及俄罗斯远东地区城市基础设施数据集部分指标（2018 年）

行政区	面积/万 km²	铁路里程/km	铁路密度/(km/万 km²)	公路里程/km	公路密度/(km/万 km²)	铁路货运量/百万 t	汽车货运量/百万 t
黑龙江省	45.25	6 120.00	135.2	163 233	3 607.05	88.7	442.0
吉林省	18.70	3 664.00	195.9	97 326	5 204.60	40.7	387.1
辽宁省	14.86	5 328.00	358.5	119 362	8 032.44	145.4	1 721.4
布里亚特共和国	35.13	1 229.55	35.0	9 133.8	260.00	14.8	12.1
外贝加尔边疆区	43.19	2 418.64	56.0	14 684.6	340.00	9.5	33.3
滨海边疆区	16.47	1 564.65	95.0	15 317.1	930.00	13.6	22.5
哈巴罗夫斯克边疆区	78.76	2 126.52	27.0	9 451.2	120.00	21.6	60.7
阿穆尔州	36.19	2 931.39	81.0	12 304.6	340.00	13.5	21.4
犹太自治州	3.63	511.83	141.0	2 468.4	680.00	0.8	4.6

注：中国部分数据统计时间为 2015 年，俄罗斯部分数据统计时间为 2018 年

3.2.3 中蒙俄国际经济走廊全考察区 1∶25 万中心城市基础设施数据集（2015 年、2018 年）

（1）数据集元数据

数据集标题：中蒙俄国际经济走廊全考察区 1∶25 万中心城市基础设施数据集（2015 年、2018 年）。

数据集摘要：该数据集对中国、蒙古国、俄罗斯共 36 个城市的中心城市基础设施数据及重点国际口岸城市基础设施数据进行了收集、整理与分析，主要描述了中蒙俄国际经济走廊全考察区中心城市的基础设施情况。

数据集空间范围：26°21′12″E～133°26′17″E，34°19′58″N～59°19′58″N。

数据关键词：中蒙俄国际经济走廊、中心城市、基础设施。

数据集时间：2015 年、2018 年。

数据集格式：ESRI Shapefile。

数据集类型：矢量。

资源负责方：中国科学院地理科学与资源研究所。

通信地址：北京市朝阳区大屯路甲 11 号。

（2）数据集说明

数据集内容说明：该数据集主要描述了中蒙俄国际经济走廊全考察区中心城市的基础设施情况，包括铁路、公路、机场等指标，时间为 2015 年、2018 年。

数据加工方法：采用集群式服务器进行数据处理工作，主要包括对中蒙俄国际经济走廊全考察区中心城市的原始遥感影像、地图等资料进行数字化、投影转换和裁剪，进行城市基础设施信息提取、矢量化，根据 1∶25 万矢量数据加工标准使用专业软件进行数据的加工处理。

数据质量描述：参照 GB/T 32555—2016 标准，经专人对数据的完整性、精度、拓扑关系及属性进行审查，数据完整性、逻辑一致性、位置精度、属性精度、接边精度等均符合有关技术规定和标准规范，质量优良可靠。

数据应用成果：面向科学研究和技术服务业，可为地理学、城市学等相关领域的科学研究工作提供比较全面的社会发展数据，可支撑城市规划等行业政策制定。

（3）数据集内容

该数据集包括公路、铁路、机场、道路总长度、铁路总长度、火车站及编组站个数、电力走廊总长度、电力设施等指标。

2018 年考察区中心城市基础情况示意见图 3-4。

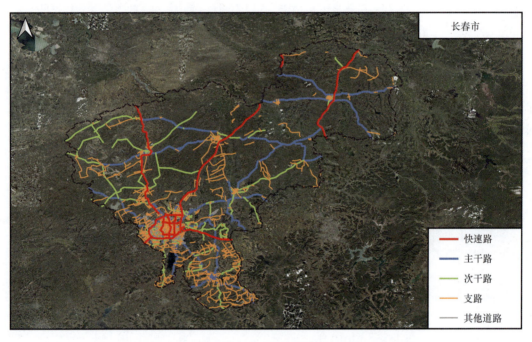

图 3-4　考察区中心城市基础设施数据集示意（2018 年）

3.2.4　中蒙俄"五带六区"中心城市基础设施数据集（2018 年）

（1）数据集元数据

数据集标题：中蒙俄"五带六区"中心城市基础设施数据集（2018 年）。

数据集摘要：该数据集包括铁路、公路、机场等指标，主要描述了中蒙俄"五带六区"中心城市的基础设施情况，包括中俄欧亚城市经济带、中俄蒙草原丝绸之路经济带、中俄蒙边境口岸带、中俄跨境铁路经济带、中俄沿海经济带、环贝加尔湖城市群重点区、乌兰巴托重点区、中俄沿海通道重点区、中俄陆路口岸重点区、中蒙跨境重点区、新西伯利亚铁路枢纽重点区。

数据集空间范围：26°21′12″E～133°26′17″E，34°19′58″N～59°19′58″N。

数据关键词：中蒙俄、"五带六区"、中心城市、基础设施。

数据集时间：2018 年。

数据集格式：ESRI Shapefile。

数据集类型：矢量。

资源负责方：中国科学院地理科学与资源研究所。

通信地址：北京市朝阳区大屯路甲 11 号。

（2）数据集说明

数据集内容说明：该数据集主要描述了中蒙俄"五带六区"中心城市的基础设施情况，包括铁路、公路、机场等指标，时间为 2018 年。

数据加工方法：采用集群式服务器进行数据处理工作，主要包括对中蒙俄"五带六区"中心城市的原始遥感影像、地图等资料进行数字化、投影转换和裁剪，进行城市基础设施信息提取、矢量化，根据矢量数据加工标准使用专业软件进行数据的加工处理。

数据质量描述：参照 GB/T 32555—2016 标准，经专人对数据的完整性、精度、拓扑关系及属性进行审查，数据完整性、逻辑一致性、位置精度、属性精度、接边精度等均符合有关技术规定和标准规范，质量优良可靠。

数据应用成果：面向科学研究和技术服务业，可为人文社会科学有关领域的科学研究工作提供比较全面的社会发展数据，可支撑行业政策制定。

（3）数据集内容

该数据主要包括公路、铁路、机场等指标。部分指标如图 3-5 所示。

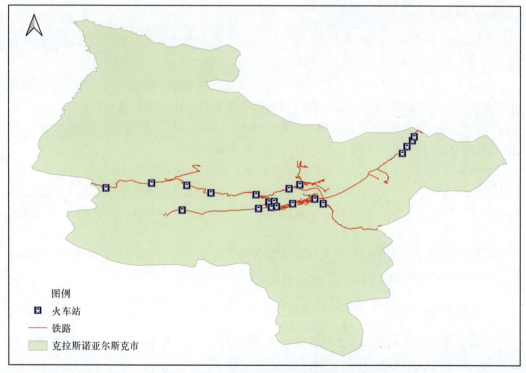

图 3-5 "五带六区"中心城市基础设施数据集示意（2018 年）

3.2.5 中国东北及俄罗斯远东地区中心城市基础设施数据集（2018 年）

（1）数据集元数据

数据集标题：中国东北及俄罗斯远东地区中心城市基础设施数据集（2018 年）。

数据集摘要：该数据集包括中国东北及俄罗斯远东地区中心城市的面积、公路里程、公路密度、医院数量等指标，主要描述了中国东北及俄罗斯远东地区中心城市的基础设施情况。

数据集空间范围：98°36′47″E～147°13′1″E，38°43′11″N～62°34′23″N，包括中国呼伦贝尔、沈阳、大连、丹东、长春、哈尔滨、伊春、佳木斯、牡丹江、黑河市和俄罗斯乌兰乌德、赤塔、符拉迪沃斯托克（海参崴）、乌苏里斯克（双城子）、哈巴罗夫斯克（伯力）、共青城、布拉戈维申斯克（海兰泡）、比罗比詹市。

数据关键词：中国东北、俄罗斯远东地区、中心城市、基础设施。

数据集时间：2018 年。

数据集格式：Excel。

数据集类型：属性。

资源负责方：中国科学院地理科学与资源研究所。

通信地址：北京市朝阳区大屯路甲 11 号。

（2）数据集说明

数据集内容说明：该数据集主要描述了中国东北及俄罗斯远东地区中心城市的基础设施情况，包括面积、公路里程、公路密度、医院数量等指标，时间为 2018 年。

数据加工方法：该数据集通过收集中国东北及俄罗斯远东地区中心城市基础设施统计数据，结合实地调研获取的城市基础设施数据进行验证，由专业人员对外文资料进行翻译。因中俄两国计算标准及量纲不一致，参照《城市基础设施管理》（GB/T 32555—2016）标准统一量纲，并将数据进行清洗、查缺补漏及计算。

数据质量描述：参照《城市基础设施管理》标准，由专业人员对外文资料进行翻译，采用人工录入的方式，对数据进行两轮人工校核，将规范化整理的数据与原始数据进行抽查对比。数据精准性、完整性、一致性等均符合有关技术规定和标准规范，质量优良可靠。

数据应用成果：面向科学研究和技术服务业，可为人文社会科学有关领域的科学研究工作提供比较全面的社会发展数据，可支撑行业政策制定。

（3）数据集内容

该数据集主要包括面积、公路里程、公路密度、医院数量等数据。2018 年中国东北及俄罗斯远东地区中心城市基础设施数据集部分指标如表 3-4 所示。

表 3-4　中国东北及俄罗斯远东地区中心城市基础设施数据集部分指标（2018 年）

国家	英文名称	中文名称	面积/万 km²	公路里程/km	公路密度/(km/万 km²)
中国	Hulunbuir	呼伦贝尔市	26.157	28 487	10.891
	Shenyang	沈阳市	1.286	13 040.3	101.402
	Dalian	大连市	1.324	13 479	101.774
	Dandong	丹东市	1.529	9 773.9	63.923
	Harbin	哈尔滨市	5.308	25 693	48.408
	Yichun	伊春市	3.280	7 241.1	22.077
	Jiamusi	佳木斯市	3.270	15 879.2	48.554
	Mudanjiang	牡丹江市	3.883	12 681.6	32.662
	Heihe	黑河市	6.935	16 005.6	23.081
俄罗斯	Ulan Ude	乌兰乌德	0.038	543.2	144.085
	Chita	赤塔	0.053	1 145.1	214.438
	Vladivostok	符拉迪沃斯托克（海参崴）	0.056	621.4	110.964
	Ussuriysk	乌苏里斯克（双城子）	0.363	482.2	13.284
	Khabarovsk	哈巴罗夫斯克（伯力）	0.040	941.1	235.275
	Komsomolsk-na-Amure	共青城	0.030	389	129.667
	Blagoveshchensk	布拉戈维申斯克市（海兰泡）	0.032	403.6	125.732
	Birobidzhan	比罗比詹	0.017	154.2	91.027

3.3　国际口岸城市城市化水平

3.3.1　中蒙俄"五带六区"重点国际口岸（区）城市化数据集（2010 年、2015 年、2018 年）

（1）数据集元数据

数据集标题：中蒙俄"五带六区"重点国际口岸（区）城市化数据集（2010 年、2015 年、2018 年）。

数据集摘要：该数据集包括行政面积、人口、人口密度、城市化率、GDP、人均 GDP 等指标，主要描述了中蒙俄"五带六区"重点国际口岸（区）的城市化情况。

数据集空间范围：26°21′12″E～133°26′17″E，34°19′58″N～59°19′58″N。

数据关键词：中蒙俄、"五带六区"、国际口岸、城市化。

数据集时间：2010 年、2015 年、2018 年。

数据集格式：Excel。

数据集类型：属性。

资源负责方：中国科学院地理科学与资源研究所。

通信地址：北京市朝阳区大屯路甲 11 号。

（2）数据集说明

数据集内容说明：该数据集主要描述了中蒙俄"五带六区"重点国际口岸（区）的城市化情况，包括行政面积、人口、人口密度、城市化率、GDP、人均 GDP 等指标，时间为 2010 年、2015 年、2018 年。

数据加工方法：该数据集通过收集中蒙俄"五带六区"重点国际口岸（区）的城市化统计数据，结合实地调研获取的城市化数据进行验证，由专业人员对外文资料进行翻译，因中蒙俄三国计算标准及量纲不一致，参照 GB/T 32555—2016、GB 50137—2011 等标准统一量纲，并将数据进行清洗、查缺补漏及计算。

数据质量描述：参照 GB/T 32555—2016、GB 50137—2011 等标准，由专业人员对外文资料进行翻译，采用人工录入的方式，对数据进行两轮人工校核，将规范化整理的数据与原始数据进行抽查对比，保证数据精准性、完整性、一致性等均符合有关技术规定和标准规范，质量优良可靠。

数据应用成果：面向科学研究和技术服务业，可为地理学、城市学、经济学、社会学等相关领域的科学研究工作提供比较全面的社会发展数据，可支撑行业政策制定。

（3）数据集内容

该数据集数主要包括行政面积、人口、人口密度、城市化率、GDP、人均 GDP、出口货运量、进口货运量、货运量合计、出境人员、入境人员、出入境总人员等指标数据。2010 年中蒙俄"五带六区"重点国际口岸（区）城市化数据集部分指标如表 3-5 所示。

表 3-5　中蒙俄"五带六区"重点国际口岸（区）城市化数据集部分指标（2010 年）

城市	行政面积/万 km²	人口/万人	人口密度/(人/km²)	城市化率/%	GDP/亿元	人均 GDP/(元/人)	货运量合计/万 t
额济纳旗	11.46	1.71	0.15	73.66	31.53	184 400	836.10
乌拉特中旗	2.31	14.43	6.25	25.98	67.40	46 838	836.18
二连浩特	0.40	2.61	6.50	92.72	47.60	66 455	862.14

3.3.2　中国东北及俄罗斯远东地区重点国际口岸（区）城市化数据集（2010 年、2015 年、2018 年）

（1）数据集元数据

数据集标题：中国东北及俄罗斯远东地区重点国际口岸（区）城市化数据集（2010年、2015 年、2018 年）。

数据集摘要：该数据集包括中国东北及俄罗斯远东地区行政面积、人口、人口密度、城市化率、GDP、人均 GDP 等指标，主要描述了中国东北及俄罗斯远东地区重点国际口岸（区）的城市化情况。

数据集空间范围：98°36′47″E～147°13′1″E，38°43′11″N～62°34′23″N，包括中国满洲里、同江、抚远、绥芬河、东宁、黑河，以及俄罗斯后贝加尔斯克、哈巴罗夫斯克（伯力）、布拉戈维申斯克（海兰泡）等口岸城市。

数据关键词：中国东北、俄罗斯远东地区、国际口岸、城市化。

数据集时间：2010 年、2015 年、2018 年。

数据集格式：Excel。

数据集类型：属性。

资源负责方：中国科学院地理科学与资源研究所。

通信地址：北京市朝阳区大屯路甲 11 号。

（2）数据集说明

数据集内容说明：该数据集主要描述了中国东北及俄罗斯远东地区重点国际口岸（区）的城市化情况，包括行政面积、人口、人口密度、城市化率、GDP、人均 GDP 等指标，时间为 2010 年、2015 年、2018 年。

数据加工方法：该数据集通过收集中国东北及俄罗斯远东地区重点国际口岸（区）的城市化统计数据，结合实地调研获取的城市化数据进行验证，由专业人员对外文资料进行翻译，因中俄两国计算标准及量纲不一致，参照 GB/T 32555—2016、GB 50137—2011 等标准统一量纲，并将数据进行清洗、查缺补漏及计算。

数据质量描述：参照 GB/T 32555—2016、GB 50137—2011 等标准，由专业人员对外文资料进行翻译，采用人工录入的方式，并对数据进行两轮人工校核，将规范化整理的数据与原始数据进行抽查对比。数据精准性、完整性、一致性等均符合有关技术规定和标准规范，质量优良可靠。

数据应用成果：面向科学研究和技术服务业，可为人文社会科学有关领域的科学研究工作提供比较全面的社会发展数据，可支撑行业政策制定。

（3）数据集内容

该数据集主要包括行政面积、人口、人口密度、城市化率、GDP、人均 GDP、出口货运量、进口货运量、货运量合计、出境人员、入境人员、出入境总人员等指标。2015

年中国东北及俄罗斯远东地区重点国际口岸（区）城市化数据集部分指标如表 3-6 所示。

表 3-6　中国东北及俄罗斯远东地区重点国际口岸（区）城市化数据集部分指标（2015 年）

国家	英文名称	中文名称	行政面积/km²	人口/万人	人口密度/(人/km²)	城市化率/%
中国	Manzhouli Port	满洲里口岸	732	30.0	409.84	100.00
	Tongjiang Port	同江口岸	6 300	21.2	33.59	54.91
	Fuyuan Port	抚远口岸	6 263	15.6	24.91	37.40
	Suifenhe Port	绥芬河口岸	422	17.5	414.69	97.14
	Dongning Port	东宁口岸	7 139	21.0	29.36	62.45
	Heihe Port	黑河口岸	68 340	167.9	24.57	60.81
俄罗斯	Begarsk Port	后贝加尔斯克口岸	5 253.65	2.1	4.08	60.32
	Khabarovsk Pork	哈巴罗夫斯克（伯力）口岸	3 863.54	61.1	158.19	100.00
	Blagoveshchensk Port	布拉戈维申斯克（海兰泡）口岸	320.97	23.0	715.68	97.66

3.3.3　中国内蒙古与蒙古国重点国际口岸（区）城市化数据集（2010 年、2015 年、2018 年）

（1）数据集元数据

数据集标题：中国内蒙古与蒙古国重点国际口岸（区）城市化数据集（2010 年、2015 年、2018 年）。

数据集摘要：该数据集包括行政面积、人口、人口密度、城市化率、GDP、人均 GDP 等指标，主要描述了中国内蒙古与蒙古国重点国际口岸（区）的城市化情况。

数据集空间范围：中国内蒙古自治区全境与蒙古国全境。

数据关键词：中国内蒙古、蒙古国、国际口岸、城市化。

数据集时间：2010 年、2015 年、2018 年。

数据集格式：Excel。

数据集类型：属性。

资源负责方：中国科学院地理科学与资源研究所。

通信地址：北京市朝阳区大屯路甲 11 号。

（2）数据集说明

数据集内容说明：该数据集主要描述了中国内蒙古与蒙古国重点国际口岸（区）的城市化情况，包括行政面积、人口、人口密度、城市化率、GDP、人均 GDP 等指标，时间为 2010 年、2015 年、2018 年。

数据加工方法：该数据集通过收集中国内蒙古与蒙古国重点国际口岸（区）的城市化统计数据，结合实地调研获取的城市化数据进行验证，由专业人员对外文资料进行翻译，因中蒙两国计算标准及量纲不一致，参照 GB/T 32555—2016、GB 50137—2011 等标准统一量纲，并将数据进行清洗、查缺补漏及计算。

数据质量描述：参照 GB/T 32555—2016、GB 50137—2011 等标准，由专业人员对外文资料进行翻译，采用人工录入的方式，并对数据进行两轮人工校核，将规范化整理的数据与原始数据进行抽查对比。数据精准性、完整性、一致性等均符合有关技术规定和标准规范，质量优良可靠。

数据应用成果：该数据集主要应用于地理学、城市学、经济学、社会学等相关领域的科学研究工作，可支撑科学研究、技术服务、行业政策制定等工作。

（3）数据集内容

该数据集主要包括行政面积、人口、人口密度、城市化率、GDP、人均 GDP、出口货运量、进口货运量、货运量合计、出境人员、入境人员、出入境总人员等指标。2018年中国内蒙古与蒙古国重点国际口岸（区）城市化数据集部分指标如表 3-7 所示。

表 3-7　中国内蒙古与蒙古国重点国际口岸（区）城市化数据集部分指标（2018 年）

城市	行政面积/万 km²	人口/万人	人口密度/(人/km²)	城市化率/%	GDP/亿元	人均 GDP/(元/人)	货运量合计/万 t	出入境总人员/人
额济纳旗	11.46	1.71	0.15	73.66	31.53	184 400	836.10	28.40
乌拉特中旗	2.31	14.43	6.25	25.98	67.40	46 838	836.18	31.30
二连浩特	0.40	2.61	6.50	92.72	47.60	66 455	862.14	178.41
乌兰巴托	0.47	144.47	307.38	100.00	260.00	17 996.82	—	—

3.4　中心城市城市化水平

3.4.1　中蒙俄"三带两区"中心城市城市化指标数据集（2010 年、2015 年、2018 年）

（1）数据集元数据

数据集标题：中蒙俄"三带两区"中心城市城市化指标数据集（2010 年、2015 年、2018 年）。

数据集摘要：该数据集包括中蒙俄"三带两区"年底总人口、城市人口、农村人口、人口城市化率、土地总面积、固定资产投资等指标，主要描述了中蒙俄"三带两区"的中心城市城市化情况。

数据集空间范围：98°36′47″E～147°13′1″E，38°43′11″N～62°34′23″N。

数据关键词：中俄"三带两区"、中心城市、城市化。

数据集时间：2010年、2015年、2018年。

数据集格式：Excel。

数据集类型：属性。

资源负责方：中国科学院地理科学与资源研究所。

通信地址：北京市朝阳区大屯路甲11号。

（2）数据集说明

数据集内容说明：该数据集主要描述了中蒙俄"三带两区"的中心城市城市化情况，包括年底总人口、城市人口、农村人口、人口城市化率、土地总面积、固定资产投资等指标，时间为2010年、2015年、2018年。

数据加工方法：该数据集通过收集中俄"三带两区"中心城市的城市化统计数据，结合实地调研获取的城市化数据进行验证，由专业人员对外文资料进行翻译，因中蒙俄三国计算标准及量纲不一致，参照GB/T 32555—2016、GB 50137—2011等标准统一量纲，并将数据进行清洗、查缺补漏及计算。

数据质量描述：参照GB/T 32555—2016、GB 50137—2011等标准，由专业人员对外文资料进行翻译，采用人工录入的方式，并对数据进行两轮人工校核，将规范化整理的数据与原始数据进行抽查对比，保证数据精准性、完整性、一致性等均符合有关技术规定和标准规范，质量优良可靠。

数据应用成果：面向科学研究和技术服务业，可为地理学、城市学等相关领域的科学研究工作提供比较全面的社会发展数据，可支撑城市规划等行业政策制定。

（3）数据集内容

该数据集主要包括年底总人口、城市人口、农村人口、人口城市化率、土地总面积、固定资产投资、公路里程、公路网密度等指标。2018年中蒙俄"三带两区"中心城市城市化指标数据集部分指标如表3-8所示。

表3-8　中蒙俄"三带两区"中心城市城市化指标数据集部分指标（2018年）

城市	年底总人口/万人	城市人口/万人	农村人口/万人	人口城市化率/%	土地总面积/万 km²
呼和浩特市	312.64	218.32	94.32	69.8	1.72
乌兰察布市	209.61	104.26	105.35	49.74	5.5
包头市	288.87	241.41	47.46	83.57	2.77
乌兰巴托	144.47	144.47	0	100	0.47

3.4.2 中国东北及俄罗斯远东地区中心城市城市化指标数据集（2010 年、2015 年、2018 年）

（1）数据集元数据

数据集标题：中国东北及俄罗斯远东地区中心城市城市化指标数据集（2010 年、2015 年、2018 年）。

数据集摘要：该数据集包括中国东北及俄罗斯远东地区年底总人口、城市人口、农村人口、人口城市化率、土地总面积、固定资产投资等指标，主要描述了中国东北及俄罗斯远东地区中心城市的城市化情况。

数据集空间范围：98°36′47″E～147°13′1″E，38°43′11″N～62°34′23″N，包括中国哈尔滨市、长春市、沈阳市、呼伦贝尔市，以及俄罗斯乌兰乌德、赤塔、贝加尔斯克、哈巴罗夫斯克（伯力）等 20 个市级行政区。

数据关键词：中国东北、俄罗斯远东地区、中心城市、城市化。

数据集时间：2010 年、2015 年、2018 年。

数据集格式：Excel。

数据集类型：属性。

资源负责方：中国科学院地理科学与资源研究所。

通信地址：北京市朝阳区大屯路甲 11 号。

（2）数据集说明

数据集内容说明：该数据集主要描述了中国东北及俄罗斯远东地区中心城市的城市化情况，包括年底总人口、城市人口、农村人口、人口城市化率、土地总面积、固定资产投资等指标，时间为 2010 年、2015 年、2018 年。

数据加工方法：该数据集通过收集中国东北及俄罗斯远东地区中心城市的城市化统计数据，结合实地调研获取的城市化数据进行验证，由专业人员对外文资料进行翻译，因中俄两国计算标准及量纲不一致，参照 GB/T 32555—2016、GB 50137—2011 等标准统一量纲，并将数据进行清洗、查缺补漏及计算。

数据质量描述：参照 GB/T 32555—2016、GB 50137—2011 等标准，由专业人员对外文资料进行翻译，采用人工录入的方式，并对数据进行两轮人工校核，将规范化整理的数据与原始数据进行抽查对比。数据精准性、完整性、一致性等均符合有关技术规定和标准规范，质量优良可靠。

数据应用成果：面向科学研究和技术服务业，可为人文社会科学有关领域的科学研究工作提供比较全面的社会发展数据，可支撑行业政策制定。

（3）数据集内容

该数据集主要包括年底总人口、城市人口、农村人口、人口城市化率、土地总面积、固定资产投资、公路里程、公路网密度等数据。2010 年中国东北及俄罗斯远东地区中心城市城市化指标数据集部分指标如表 3-9 所示。

俄罗斯远东图尔卡到马克西米哈公路沿线的村镇景观如图 3-6 所示。

表 3-9　东北及俄罗斯远东地区中心城市城市化指标数据集部分指标（2010 年）

国家	市级行政区	年底总人/万人	城市人口/万人	农村人口/万人	人口城市化率/%	土地总面积/km²
中国	呼伦贝尔市	271.30	187.12	84.18	69.0	253 000
	沈阳市	719.60	515.40	204.20	71.6	12 980
	大连市	586.44	497.91	88.53	84.9	12 574
	丹东市	241.36	147.51	93.85	61.1	15 290
	长春市	758.89	425.82	333.07	56.1	20 604
	延边朝鲜族自治州	219.08	145.78	73.30	66.5	43 779
	哈尔滨市	992.02	650.18	341.84	65.5	53 068
	伊春市	126.95	96.44	30.51	76.0	32 760
	佳木斯市	253.78	126.30	127.48	50.0	32 704
	牡丹江市	270.23	147.40	122.83	54.8	40 583
	黑河市	174.21	98.00	76.21	56.5	82 164
俄罗斯	乌兰乌德	40.58	40.58	0	100	377.12
	赤塔	30.90	30.88	0.02	99.9	534
	贝加尔斯克市	2.21	1.13	1.08	50.9	5 253.65
	符拉迪沃斯托克（海参崴）	61.60	59.12	2.48	96.0	561.54
	乌苏里斯克（双城子）	18.40	15.80	2.60	85.9	3 625.53
	哈巴罗夫斯克（伯力）	57.80	57.80	0	100	3 863.54
	共青城	26.33	26.33	0	100	325.1
	布拉戈维申斯克市（海兰泡）	21.98	21.44	0.54	97.5	320.97
	比罗比詹	7.58	7.58	0	100	169.38

图 3-6　俄罗斯远东城市化考察

图尔卡到马克西米哈公路沿线的村镇

3.4.3　中国内蒙古与蒙古国中心城市城市化指标数据集（2010 年、2015 年、2018 年）

（1）数据集元数据

数据集标题：中国内蒙古与蒙古国中心城市城市化指标数据集（2010 年、2015 年、2018 年）。

数据集摘要：该数据集包括年底总人口、城市人口、农村人口、人口城市化率、土地总面积、固定资产投资等指标，主要描述了中国内蒙古与蒙古国中心城市的城市化情况。

数据集空间范围：中国内蒙古和蒙古国。

数据关键词：中国内蒙古、蒙古国、中心城市、城市化。

数据集时间：2010 年、2015 年、2018 年。

数据集格式：Excel。

数据集类型：属性。

资源负责方：中国科学院地理科学与资源研究所。

通信地址：北京市朝阳区大屯路甲 11 号。

（2）数据集说明

数据集内容说明：该数据集主要描述了中国内蒙古与蒙古国中心城市的城市化情况，包括年底总人口、城市人口、农村人口、人口城市化率、土地总面积、固定资产投资等指标，时间为 2010 年、2015 年、2018 年。

数据加工方法：该数据集通过收集中国内蒙古与蒙古国中心城市的城市化统计数据，结合实地调研获取的城市化数据进行验证，由专业人员对外文资料进行翻译，因中蒙两国计算标准及量纲不一致，参照 GB/T 32555—2016、GB 50137—2011 等标准统一量纲，并将数据进行清洗、查缺补漏及计算。

数据质量描述：参照 GB/T 32555—2016、GB 50137—2011 等标准，由专业人员对外文资料进行翻译，采用人工录入的方式，并对数据进行两轮人工校核，将规范化整理的数据与原始数据进行抽查对比。数据精准性、完整性、一致性等均符合有关技术规定和标准规范，质量优良可靠。

数据应用成果：面向科学研究和技术服务业，可为地理学、城市学、经济学、社会学等相关领域的科学研究工作提供比较全面的社会发展数据，支撑行业政策制定。

（3）数据集内容

该数据集主要包括年底总人口、城市人口、农村人口、人口城市化率、土地总面积、固定资产投资、公路里程、公路网密度等数据。2015 年中国内蒙古与蒙古国中心城市城市化指标数据集部分指标如表 3-10 所示。

表 3-10 中国内蒙古与蒙古国中心城市城市化指标数据集部分指标（2015 年）

城市	年底总人口 /万人	城市人口 /万人	农村人口 /万人	人口城市化率 /%	土地面积 /万 km²	固定资产 投资/亿元	出生人口数 /万人	死亡人口数 /万人
呼和浩特市	305.96	206.49	99.47	67.49	1.72	1 604.635 5	2.40	1.10
乌兰察布市	211.13	98.34	112.79	46.58	5.5	658.815 6	1.99	1.01
包头市	282.93	233.85	49.08	82.65	2.77	2 582.913 5	2.20	1.12
乌兰巴托	144.47	144.47	0	100	0.47	—	3.53	0.765

3.5 考察区城市化水平

3.5.1 中蒙俄"五带六区"城市化指标数据集（2010 年、2015 年、2018 年）

（1）数据集元数据

数据集标题：中蒙俄"五带六区"城市化指标数据集（2010 年、2015 年、2018 年）。

数据集摘要：该数据集包括人口密度、城市人口、农村人口、城市数量、城市化率、人均 GDP、土地面积等指标，描述了中蒙俄"五带六区"城市化情况。

数据集空间范围：26°21′12″E～133°26′17″E，34°19′58″N～59°19′58″N。

数据关键词：中蒙俄"五带六区"。

数据集时间：2010 年、2015 年、2018 年。

数据集格式：Excel。

数据集类型：属性。

资源负责方：中国科学院东北地理与农业生态研究所。

通信地址：吉林省长春市高新北区盛北大街 4888 号。

（2）数据集说明

数据集内容说明：该数据集描述了中蒙俄"五带六区"城市化情况，主要包括人口密度、城市数量、城市化率、人均 GDP 等指标，时间为 2010 年、2015 年、2018 年。

数据加工方法：该数据集通过收集中蒙俄"五带六区"的城市化统计数据，结合实地调研获取的城市化数据进行验证，由专业人员对外文资料进行翻译，因中蒙俄三国计算标准及量纲不一致，参照 GB/T 32555—2016、GB 50137—2011 等标准统一量纲，并将数据进行清洗、查缺补漏及计算。

数据质量描述：参照 GB/T 32555—2016、GB 50137—2011 等标准，由专业人员对外文资料进行翻译，采用人工录入的方式，并对数据进行两轮人工校核，将规范化整理的数据与原始数据进行抽查对比。数据精准性、完整性、一致性等均符合有关技术规定和标准规范，质量优良可靠。

数据应用成果：面向科学研究和技术服务业，可为人文社会科学有关领域的科学研究工作提供比较全面的社会发展数据，可支撑行业政策制定。

（3）数据集内容

该数据集包括人口密度、城市人口、农村人口、出生人口数、城市数量、城市化率、人均 GDP 等数据。2018 年中蒙俄"五带六区"城市化指标数据集部分指标如表 3-11 所示。

表 3-11　中蒙俄"五带六区"城市化指标数据集部分指标（2018 年）

城市	人口密度/(人/km²)	城市人口/万人	农村人口/万人	城市数量/个	城市化率/%	人均 GDP/(元/人)	土地面积/km²
呼和浩特市	181.77	218.32	94.32	6	69.8	111 014	1.72
乌兰察布市	38.11	104.26	105.35	11	49.74	49 642	5.5
包头市	104.29	241.41	47.46	4	83.57	151 242	2.77
戈壁苏木贝尔省	3.2	1.04	0.71	3	59.7	52 401.6	0.55
达尔汗乌勒省	32.1	8.47	1.95	4	81.3	41 818.723	0.33
东戈壁省	0.6	4.42	2.54	14	63.5	50 232.356	10.95
中戈壁省	0.6	1.24	3.44	15	26.6	68 278.547	7.47
南戈壁省	0.4	2.60	4.31	15	37.6	86 452.228	16.54
色楞格省	2.7	3.79	7.13	17	34.7	62 327.408	4.12
中央省	1.3	1.73	7.77	27	18.2	62 548.052	7.4
苏赫巴托尔省	0.8	1.83	4.43	13	29.2	75 522.332	8.23
肯特省	1	2.76	5.01	18	35.5	52 160.090	8.03
乌兰巴托	327.6	144.47	0	9	100	147 926.72	0.47

3.5.2　中国东北及俄罗斯远东地区省级单元城市化指标数据集（2010 年、2015 年、2018 年）

（1）数据集元数据

数据集标题：中国东北及俄罗斯远东地区省级单元城市化指标数据集（2010 年、2015 年、2018 年）。

数据集摘要：该数据集包括中国东北及俄罗斯远东地区城市数量、总人口、年平均劳动从业人数、城市化率、GDP、人均 GDP、非农产业产值 GDP 占比、固定资产投资总额等指标，描述了中国东北及俄罗斯远东地区的省级单元城市化情况。

数据集空间范围：98°36′47″E～147°13′1″E，38°43′11″N～62°34′23″N，包括中国辽宁省、吉林省、黑龙江省、内蒙古自治区，以及俄罗斯布里亚特共和国、外贝加尔边疆区、滨海边疆区、哈巴罗夫斯克边疆区、阿穆尔州、犹太自治州10个省级行政区。

数据关键词：中国东北、俄罗斯远东地区、省级单元、城市化。

数据集时间：2010年、2015年、2018年。

数据集格式：Excel。

数据集类型：属性。

资源负责方：中国科学院东北地理与农业生态研究所。

通信地址：吉林省长春市高新北区盛北大街4888号。

（2）数据集说明

数据集内容说明：该数据集描述了中国东北及俄罗斯远东地区的10个省级单元城市化情况，主要包括城市数量、总人口、年平均劳动从业人数、城市化率、GDP、人均GDP、非农产业产值GDP占比、固定资产投资总额等指标，时间为2010年、2015年、2018年。

数据加工方法：该数据集通过收集中国东北及俄罗斯远东地区省级单元的城市化统计数据，结合实地调研获取的城市化数据进行验证，由专业人员对外文资料进行翻译，因中俄两国计算标准及量纲不一致，参照GB/T 32555—2016、GB 50137—2011等标准统一量纲，并将数据进行清洗、查缺补漏及计算。

数据质量描述：参照GB/T 32555—2016、GB 50137—2011等标准，由专业人员对外文资料进行翻译，采用人工录入的方式，并对数据进行两轮人工校核，将规范化整理的数据与原始数据进行抽查对比。数据精准性、完整性、一致性等均符合有关技术规定和标准规范，质量优良可靠。

数据应用成果：面向科学研究和技术服务业，可为人文社会科学有关领域的科学研究工作提供比较全面的社会发展数据，可支撑行业政策制定。

（3）数据集内容

该数据集主要包括城市数量、总人口、年平均劳动从业人数、城市化率、人均GDP、非农业产业产值GDP占比等。2018年中国东北及俄罗斯远东地区省级单元城市化指标数据集部分指标如表3-12所示。

表3-12　中国东北及俄罗斯远东地区省级单元城市化指标数据集部分指标（2018年）

行政单元	城市数量/个	总人口/万人	年平均劳动从业人数/万人	城市化率/%	GDP/亿元	非农产业产值GDP占比/%	固定资产投资总额/亿元
内蒙古自治区	20	2 534.00	275.30	62.71	16 140.76	90.63	10 187.57
辽宁省	30	4 359.00	1 050.20	68.09	23 510.54	92.56	6 923.78
吉林省	28	2 704.00	279.30	57.54	11 253.81	91.18	13 483.15

续表

行政单元	城市数量/个	总人口/万人	年平均劳动从业人数/万人	城市化率/%	GDP/亿元	非农产业产值GDP占比/%	固定资产投资总额/亿元
黑龙江省	32	3 773.00	1 049.90	60.11	12 846.48	71.70	10 761.26
布里亚特共和国	6	98.33	38.27	59.07	212.35	99.20	51.43
外贝加尔边疆区	10	106.58	46.73	68.43	316.89	92.38	94.95
滨海边疆区	12	190.27	97.39	77.38	819.69	94.86	149.54
哈巴罗夫斯克边疆区	7	132.15	69.09	82.04	701.87	97.43	136.58
阿穆尔州	10	79.32	39.06	67.52	280.43	82.10	252.61
犹太自治州	2	15.99	6.72	68.86	55.43	89.03	17.70

3.5.3　中国内蒙古与蒙古国城市化指标数据集（2010 年、2015 年、2018 年）

（1）数据集元数据

数据集标题：中国内蒙古与蒙古国城市化指标数据集（2010 年、2015 年、2018 年）。

数据集摘要：该数据集包括行政单元面积、主要城市分布、主要城市人口、城市化率、GDP 指标、城市数量、总人口、年平均劳动从业人数、城市化率等指标，主要描述了中国内蒙古与蒙古国的城市化情况。

数据集空间范围：中国内蒙古自治区全境与蒙古国全境。

数据关键词：中国内蒙古、蒙古国、城市化。

数据集时间：2010 年、2015 年、2018 年。

数据集格式：Excel。

数据集类型：属性。

资源负责方：中国科学院地理科学与资源研究所。

通信地址：北京市朝阳区大屯路甲 11 号。

（2）数据集说明

数据集内容说明：该数据集主要描述了中国内蒙古与蒙古国的城市化情况，主要包括行政单元面积、主要城市分布、主要城市人口、城市化率、GDP 指标、城市数量、总人口、年平均劳动从业人数、城市化率等指标，时间为 2010 年、2015 年、2018 年。

数据加工方法：该数据集通过收集中国内蒙古与蒙古国的城市化统计数据，结合实地调研获取的城市化数据进行验证，由专业人员对外文资料进行翻译，因中蒙两国计算标准及量纲不一致，参照 GB/T 32555—2016、GB 50137—2011 等标准统一量纲，并将数据进行清洗、查缺补漏及计算。

数据质量描述：参照 GB/T 32555—2016、GB 50137—2011 等标准，由专业人员对外文资料进行翻译，采用人工录入的方式，并对数据进行两轮人工校核，将规范化整理的数据与原始数据进行抽查对比。数据精准性、完整性、一致性等均符合有关技术规定和标准规范，质量优良可靠。

数据应用成果：面向科学研究和技术服务业，可为人文社会科学有关领域的科学研究工作提供比较全面的社会发展数据，可支撑行业政策制定。

（3）数据集内容

该数据集主要包括行政单元面积、主要城市分布、主要城市人口、城市化率、GDP、总人口、年平均劳动从业人数、人均 GDP 等指标。2018 年中国内蒙古与蒙古国城市化指标数据集部分指标如表 3-13 所示。

表 3-13 中国内蒙古与蒙古国城市化指标数据集部分指标（2018 年）

城市	行政单元面积/万 km²	主要城市人口/万人	城市化率/%	GDP/亿元	人均 GDP/元	城市数量/个	城市化率/%
呼和浩特市	1.72	312.64	69.8	3 462.67	111 014	6	69.8
包头市	2.77	288.87	83.57	4 366.8	151 242	4	83.57
呼伦贝尔市	25.3	253.01	72.63	1 662.68	66 066	13	72.63
兴安盟	5.98	160.79	49.06	576.13	35 890	6	49.06
通辽市	5.95	313.32	49.43	2 025.15	65 051	8	49.43
赤峰市	9	432.18	50.36	2 125.67	49 207	10	50.36
锡林郭勒盟	20.26	105.48	65.74	1 147.3	109 175	12	65.74
乌兰察布市	5.5	209.61	49.74	1 013.73	49 642	11	49.74
鄂尔多斯市	8.68	207.84	74.49	4 905.37	236 667	8	74.49
巴彦淖尔市	6.44	168.97	54.86	995.55	59 263	7	54.86
乌海市	0.17	56.33	95	681.79	121 113	1	95
阿拉善盟	27.02	24.94	78.43	389.22	155 970	3	78.43

3.5.4 中蒙俄国际经济走廊全考察区省级单元城市化指标数据集（2010 年、2015 年、2018 年）

（1）数据集元数据

数据集标题：中蒙俄国际经济走廊全考察区省级单元城市化指标数据集（2010 年、2015 年、2018 年）。

数据集摘要：该数据集包括中蒙俄国际经济走廊分省城市数量、城市人口、农村人口、城市化率等，主要描述了中蒙俄国际经济走廊全考察区省级单元的城市化情况。

数据集空间范围：26°21′12″E～133°26′17″E，34°19′58″N～59°19′58″N。

数据关键词：中蒙俄国际经济走廊、省级单元、城市化。

数据集时间：2010 年、2015 年、2018 年。

数据集格式：Excel。

数据集类型：属性。

资源负责方：中国科学院地理科学与资源研究所。

通信地址：北京市朝阳区大屯路甲 11 号。

（2）数据集说明

数据集内容说明：该数据集主要描述了中蒙俄国际经济走廊全考察区省级单元的城市化情况，包括城市数量、城市人口、农村人口、城市化率等，时间为 2010 年、2015 年、2018 年。

数据加工方法：该数据集通过收集中蒙俄国际经济走廊全考察区省级单元的城市化统计数据，结合实地调研获取的城市化数据进行验证，由专业人员对外文资料进行翻译，因中蒙俄三国计算标准及量纲不一致，参照 GB/T 32555—2016、GB 50137—2011 等标准统一量纲，并将数据进行清洗、查缺补漏及计算。

数据质量描述：参照 GB/T 32555—2016、GB 50137—2011 等标准，由专业人员对外文资料进行翻译，采用人工录入的方式，并对数据进行两轮人工校核，将规范化整理的数据与原始数据进行抽查对比。数据精准性、完整性、一致性等均符合有关技术规定和标准规范，质量优良可靠。

数据应用成果：面向科学研究和技术服务业，可为地理学等相关领域的科学研究工作提供比较全面的社会发展数据，可支撑行业政策制定。

（3）数据集内容

中蒙俄国际经济走廊全考察区省级单元城市化指标数据集（2010 年、2015 年、2018 年）主要包括城市数量、城市人口、农村人口、城市化率等。2010 年中蒙俄国际经济走廊全考察区省级单元城市化指标数据集部分指标如表 3-14 所示。

表 3-14 中蒙俄国际经济走廊全考察区省级单元城市化指标数据集部分指标（2010 年）

省级行政区	年份	城市数量/个	城市化率/%	GDP/亿元	人均 GDP/(元/人)	城市人口/万人	农村人口/万人
内蒙古自治区	2010	20	62.71	11 672	53 643.65	1 372.085	803.755 3
辽宁省	2010	30	68.09	18 457.3	42 188.11	2 716.875	1 658.125
吉林省	2010	28	57.54	8 667.58	31 564.38	1 465.266	1 280.734
黑龙江省	2010	32	60.11	10 368.6	27 065	2 133.867	1 697.133
滨海边疆区	2010	12	77.38	790.37	40 386.82	148.908 1	46.791 87
哈巴罗夫斯克边疆区	2010	7	82.04	591.08	43 979.17	110.006 4	24.393 6
阿穆尔州	2010	10	67.52	326.19	39 347.41	55.302 59	27.597 41
犹太自治州	2010	2	68.86	54.48	30 954.55	11.899 36	5.700 64

第4章　社会经济与投资环境

4.1　社会发展

4.1.1　中蒙俄国际经济走廊全考察区省级社会发展数据集（2010 年、2015 年、2018 年）

（1）数据集元数据

数据集标题：中蒙俄国际经济走廊全考察区省级社会发展数据集（2010 年、2015 年、2018 年）。

数据集摘要：中蒙俄国际经济走廊全考察区省级社会发展数据，包含中蒙俄三个国家 45 个省级行政单元的总人口、女性人口、男性人口数据，数据时间为 2010 年、2015 年、2018 年。

数据空间范围：该数据集俄罗斯考察区省级单元包括弗拉基米尔州、莫斯科州、特维尔州、莫斯科市、列宁格勒州、诺夫哥罗德州、圣彼得堡、马里埃尔共和国、莫尔多瓦共和国、鞑靼斯坦共和国、乌德穆尔特共和国、楚瓦什共和国、彼尔姆边疆区、基洛夫州、下诺夫哥罗德州、斯维尔德洛夫斯克州、秋明州、布里亚特共和国、图瓦共和国、哈卡斯共和国、阿尔泰边疆区、外贝加尔边疆区、克拉斯诺亚尔斯克边疆区、伊尔库茨克州、克麦罗沃州、新西伯利亚州、鄂木斯克州、滨海边疆区、哈巴洛夫斯克边疆区、阿穆尔州、萨哈林州、犹太自治州等；蒙古国考察区省级单元包括达尔汗乌勒省、东戈壁省、中戈壁省、南戈壁省、色楞格省、中央省、东方省、苏赫巴托尔省、肯特省；中国考察区省级单元包括黑龙江省、吉林省、辽宁省和内蒙古自治区。地理上位于 37°N～80°N，30E°～180°。

数据关键词：社会发展、人口、中蒙俄国际经济走廊。

数据集时间：2010 年、2015 年、2018 年。

数据集格式：Excel。

数据集类型：属性。

资源负责方：中国科学院地理科学与资源研究所。

通信地址：北京市朝阳区大屯路甲 11 号。

（2）数据集说明

数据集内容说明：该数据集依据整理和收集的中蒙俄国际经济走廊中国、蒙古国、俄罗斯省级单元 2010 年、2015 年、2018 年经济社会数据而得，含有总人口、女性人口、男性人口的社会发展水平数据。

中蒙俄国际经济走廊全考察区省级社会发展数据要素项内容说明见表 4-1。

表 4-1 中蒙俄国际经济走廊全考察区省级社会发展数据集要素项内容说明

数据文件名称	要素项（字段）	字段中文名称	字段度量单位
中蒙俄国际经济走廊全考察区省级社会发展数据集	总人口（万人）	总人口	万人
	女性人口（万人）	女性人口	万人
	男性人口（万人）	男性人口	万人

数据加工方法：该数据集收集了中蒙俄国际经济走廊区域多年社会发展统计数据，结合考察调研所获取的社会发展资料，由专业人员对外文资料进行翻译，进行数据清洗和查漏补缺。因中蒙俄三国计算标准及量纲不一致，参照国际标准，统一数据量纲，并将数据统一至标准化、规范化的表格形式。

数据质量描述：数据加工生产过程中基于项目制定的属性数据生产规范，由专业翻译人员进行翻译，对数据进行严格的清洗和查缺补漏，参照国际标准规范统一量纲，建立严格的数据审查机制，对数据进行两轮人工核校，将处理后的数据与原始数据进行反复抽查、比对，确保数据的准确性和一致性。经多人审查，数据的属性值与原始数据相符，质量可靠。

数据应用成果：面向科学研究和技术服务业，可为社会人文科学有关领域的科学研究工作提供比较全面的社会发展数据，可支撑行业政策制定。

（3）数据集内容

中蒙俄国际经济走廊全考察区省级社会发展数据集（2010 年、2015 年、2018 年）包含 3 个 Excel 表格文件，138 条数据记录。2010 年中蒙俄国际经济走廊全考察区省级社会发展数据集部分指标如表 4-2 所示。

表 4-2 中蒙俄国际经济走廊全考察区省级社会发展数据集部分指标示例（2010 年）

（单位：万人）

省级行政区	国家	总人口	女性人口	男性人口
弗拉基米尔州	俄罗斯	144.5	79.3	65.2
莫斯科州	俄罗斯	709.3	381.4	327.9
特维尔州	俄罗斯	135.4	74.2	61.2
莫斯科市	俄罗斯	1151.4	618.1	533.3
列宁格勒州	俄罗斯	171.3	92.0	79.3
诺夫哥罗德州	俄罗斯	63.4	34.9	28.5
圣彼得堡	俄罗斯	484.9	263.9	221.0
马里埃尔共和国	俄罗斯	69.6	37.2	32.4

4.1.2 中蒙俄国际经济走廊全考察区省级社会发展图集（2010 年、2015 年、2018 年）

（1）数据集元数据

数据集标题：中蒙俄国际经济走廊全考察区省级社会发展图集（2010 年、2015 年、2018 年）。

数据集摘要：中蒙俄国际经济走廊全考察区省级社会发展图集数据包含中蒙俄三个国家 45 个省级行政单元的总人口、女性人口、男性人口数据，数据时间为 2010 年、2015 年、2018 年。

数据空间范围：该图集俄罗斯考察区省级单元包括弗拉基米尔州、莫斯科州、特维尔州、莫斯科市、列宁格勒州、诺夫哥罗德州、圣彼得堡、马里埃尔共和国、莫尔多瓦共和国、鞑靼斯坦共和国、乌德穆尔特共和国、楚瓦什共和国、彼尔姆边疆区、基洛夫州、下诺夫哥罗德州、斯维尔德洛夫斯克州、秋明州、布里亚特共和国、图瓦共和国、哈卡斯共和国、阿尔泰边疆区、外贝加尔边疆区、克拉斯诺亚尔斯克边疆区、伊尔库茨克州、克麦罗沃州、新西伯利亚州、鄂木斯克州、滨海边疆区、哈巴洛夫斯克边疆区、阿穆尔州、萨哈林州、犹太自治州等；蒙古国考察区省级单元包括达尔汗乌勒省、东戈壁省、中戈壁省、南戈壁省、色楞格省、中央省、东方省、苏赫巴托尔省、肯特省；中国考察区省级单元包括黑龙江省、吉林省、辽宁省和内蒙古自治区。地理上位于 37°N～80°N，30°E～180°。

数据关键词：社会发展、人口、图集、中蒙俄国际经济走廊。

数据集时间：2010 年、2015 年、2018 年。

数据集格式：MXD、PDF、SHP。

数据集类型：矢量。

资源负责方：中国科学院地理科学与资源研究所。

通信地址：北京市朝阳区大屯路甲 11 号。

（2）数据集说明

数据集内容说明：该图集依据整理和收集的中蒙俄国际经济走廊全考察区省级单元 2010 年、2015 年、2018 年社会发展数据而得，含有总人口、男性人口、女性人口的社会发展水平数据。

本图集的要素项说明见表 4-3。

表 4-3　中蒙俄国际经济走廊全考察区省级社会发展图集要素项内容说明

数据文件名称	要素项（字段）	字段中文名称	字段度量单位
中蒙俄国际经济走廊全考察区省级社会发展图集	FID	要素 ID	—
	Shape*	图层类型	—
	ID	编号	—
	CODE	代码	—
	ISO3166	ISO3166 国家代码	—
	Name	名称	—
	Name_EN	英文名称	—
	Name_CN	中文名称	—
	area_km2	面积	km^2
	National	国家	—
	Capital	省会	—
	Capital_EN	省会英文名称	—
	Capital_CN	省会中文名称	—
	总人口	总人口	万人
	女性人口	女性人口	万人
	男性人口	男性人口	万人

数据加工方法：该图集收集了中蒙俄多年社会发展统计数据，结合考察调研所获取的社会发展资料，由专业人员对外文资料进行翻译，进行数据清洗和查缺补漏。因中蒙俄三国计算标准及量纲不一致，参照国际标准，统一数据量纲，并将数据统一至标准化、规范化的表格形式。结合底图轮廓进行加工处理，最终通过专业制图软件形成 MXD、SHP、PDF 格式图集。

数据质量描述：数据加工生产过程中基于项目制定的图集数据生产规范，对数据进行严格的清洗和查缺补漏，结合底图轮廓进行加工处理过程中建立严格的数据审查机制，将处理后的数据与原始数据进行两轮人工核校与抽查对比。经多人审查，数据具有逻辑一致性，质量可靠。

数据应用成果：面向科学研究领域，主要用于地理学、区域经济方面的相关研究应用，可为相关科学研究工作提供比较全面的中蒙俄国际经济走廊社会发展数据，支撑行业政策制定。

（3）数据集内容

2018 年中蒙俄国际经济走廊全考察区省级社会发展示意图如图 4-1 所示。

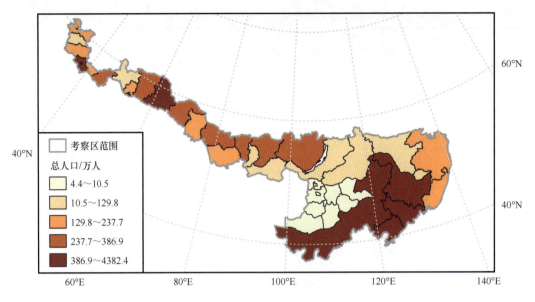

图 4-1 考察区省级社会发展图集示意（2018 年）

4.1.3 中蒙俄国际经济走廊重点城市社会发展数据集（2010年、2015年、2018年）

（1）数据集元数据

数据集标题：中蒙俄国际经济走廊重点城市社会发展数据集（2010 年、2015 年、2018 年）。

数据集摘要：中蒙俄国际经济走廊重点城市社会发展数据集，包含中蒙俄国际经济走廊蒙古国、俄罗斯、中国重点城市 2010 年、2015 年、2018 年的总人口、男性人口、女性人口等社会发展数据。

数据空间范围：该数据集俄罗斯考察区重点城市包括莫斯科、圣彼得堡、叶卡捷琳堡市、喀山、秋明、乌兰乌德、赤塔、伊尔库茨克、新西伯利亚市、鄂木斯克市、符拉迪沃斯托克（海参崴）、乌苏里斯克（双城子）、哈巴罗夫斯克（伯力）、共青城、布拉戈维申斯克市（海兰泡）、比罗比詹等；蒙古国考察区重点城市包括达尔汗、乌兰巴托、赛音山达；中国考察区重点城市大连市、呼和浩特市、丹东市、包头市、乌兰察布市、沈阳市、延边朝鲜族自治州、长春市、牡丹江市、呼伦贝尔市。地理上位于 37°N～80°N，30°E～180°。

数据关键词：社会发展、人口、中蒙俄国际经济走廊。

数据集时间：2010 年、2015 年、2018 年。

数据集格式：Excel。

数据集类型：属性。

资源负责方：中国科学院地理科学与资源研究所。

通信地址：北京市朝阳区大屯路甲 11 号。

（2）数据集说明

数据集内容说明：该数据集依据整理和收集的中蒙俄国际经济走廊中国、蒙古国、俄罗斯重点城市 2010 年、2015 年、2018 年经济社会数据而得，含有总人口、男性人口、女性人口等社会发展水平数据。

本数据集的要素项内容说明见表 4-4。

表 4-4　中蒙俄国际经济走廊全考察区省级社会发展数据集要素项内容说明

数据文件名称	要素项（字段）	字段中文名称	字段度量单位
中蒙俄国际经济走廊全考察区省级社会发展数据集	总人口（万人）	总人口	万人
	女性人口（万人）	女性人口	万人
	男性人口（万人）	男性人口	万人
	出生率（‰）	出生率	‰
	死亡率（‰）	死亡率	‰
	自然增长率（‰）	自然增长率	‰
	失业人口（人）	失业人口	人
	卫生技术人员（人）	卫生技术人员	人

数据加工方法：该数据集收集了中蒙俄多年社会发展统计数据，结合考察调研所获取的社会发展资料，由专业人员对外文资料进行翻译，进行数据清洗和查缺补漏。因中蒙俄三国计算标准及量纲不一致，参照国际标准，统一数据量纲，并将数据统一至标准化、规范化的表格形式。

数据质量描述：数据加工生产过程中基于项目制定的属性数据生产规范，由专业翻译人员进行翻译，对数据进行严格的清洗和查缺补漏，参照国际标准规范统一量纲，并建立严格的数据审查机制，对数据进行两轮人工核校，将处理后的数据与原始数据进行反复抽查、比对，确保数据的准确性和一致性。经多人审查，数据的属性值与原始数据相符，质量可靠。

数据应用成果：面向科学研究和技术服务业，可为社会人文科学有关领域的科学研究工作提供比较全面的社会发展数据，可支撑行业政策制定。

（3）数据集内容

中蒙俄国际经济走廊重点城市社会发展数据集（2010 年、2015 年、2018 年）包含 1 个 Excel 表格文件，3 个工作表，84 条数据记录。2018 年中蒙俄国际经济走廊全考察区重点城市社会发展数据集部分指标如表 4-5 所示。

表 4-5 中蒙俄国际经济走廊全考察区重点城市社会发展数据集部分指标示例（2018 年）

指标	丹东市	包头市	共青城	克拉斯诺亚尔斯克	乌兰巴托	赛音山达
常住总人口/万人	239.50	288.90	24.66	109.08	144.47	2.53
男性人口/万人	116.90	0	11.50	49.50	69.86	1.22
女性人口/万人	122.60	0	13.33	59.58	74.60	1.31
出生率/‰	6.27	0	10.10	12.80	28.17	23.62
死亡率/‰	8.33	0	14.00	10.10	—	—
自然增长率/‰	−2.06	0	−3.90	2.70	—	—
失业人口/人	111 607	111 515	984	2 666	8 300	438
卫生技术人员/人	14 636	24 129	1 043	8 334	6 895	186

4.1.4 中蒙俄国际经济走廊口岸城市社会发展数据集（2010 年、2015 年、2016 年）

（1）数据集元数据

数据集标题：中蒙俄国际经济走廊口岸城市社会发展数据集（2010 年、2015 年、2016 年）。

数据集摘要：中蒙俄国际经济走廊口岸城市社会发展数据集，包含中蒙俄国际经济走廊中国段黑龙江、吉林、辽宁和内蒙古四省区所辖口岸城市 2010 年、2015 年、2016 年的经济社会数据，包括出入境人员（万人次）、出境（万人次）、入境（万人次）、交通工具（辆、列次）、出境（辆、列次）、入境（辆、列次）等字段。

数据空间范围：该数据集空间范围包括中国黑龙江、吉林、辽宁和内蒙古四省区所辖口岸，地理上位于 37°24′N～53°33′N，97°12′E～135°05′E。

数据关键词：社会发展、口岸城市、中蒙俄国际经济走廊。

数据集时间：2010 年、2015 年、2016 年。

数据集格式：Excel。

数据集类型：属性。

资源负责方：中国科学院地理科学与资源研究所。

通信地址：北京市朝阳区大屯路甲 11 号。

（2）数据集说明

数据集内容说明：该数据集依据整理和收集的中蒙俄国际经济走廊中国、蒙古国、俄罗斯口岸城市 2010 年、2015 年、2016 年经济社会数据而得，含有出入境人员（万人次）、出境（万人次）、入境（万人次）、交通工具（辆、列次）、出境（辆、列次）、入境（辆、列次）等。

本数据集的要素内容说明见表 4-6。

表 4-6　中蒙俄国际经济走廊全考察区省级社会发展数据集要素项内容说明

数据文件名称	要素项（字段）	字段中文名称	字段度量单位
中蒙俄国际经济走廊全考察区省级社会发展数据集	出入境人员（万人次）	出入境人员	万人次
	出境（万人次）	出境	万人次
	入境（万人次）	入境	万人次
	交通工具（辆、列次）	交通工具	辆/列次
	出境（辆、列次）	出境	辆/列次
	入境（辆、列次）	入境	辆/列次

数据加工方法：该数据集收集了中蒙俄国际经济走廊中国段黑龙江、吉林、辽宁、内蒙古四省区所辖的出入境口岸数据，进行数据清洗和查漏补缺，将数据加工成标准化、规范化的表格形式。

数据质量描述：数据加工生产过程中基于项目制定的属性数据生产规范，对数据进行严格的清洗和查缺补漏，并建立严格的数据审查机制，对数据进行两轮人工核校，将处理后的数据与原始数据进行反复抽查、比对，确保数据的准确性和一致性。经多人审查，数据的属性值与原始数据相符，质量可靠。

数据应用成果：面向科学研究和技术服务业，可为人文地理学、经济学、国际贸易等研究工作提供比较全面的社会发展数据，可支撑行业政策制定。

（3）数据集内容

中蒙俄国际经济走廊口岸城市社会发展数据集（2010 年、2015 年、2016 年）包含 1 个 Excel 表格文件，3 个工作表，177 条数据记录。2016 年中蒙俄国际经济走廊全考察区口岸城市社会发展数据集部分指标如表 4-7 所示。

表 4-7　中蒙俄国际经济走廊全考察区口岸城市社会发展数据集部分指标示例（2016 年）

所属省区	口岸名称	口岸类型	出入境人员/万人次	出境/万人次	入境/万人次	交通工具/(辆/列次)	出境/(辆/列次)	入境/(辆/列次)
内蒙古	二连浩特	二连浩特公路口岸	195.45	98.57	96.88	480 100	240 000	240 100
		二连浩特铁路口岸	15.10	6.67	8.43	8 600	4 300	4 300
辽宁	丹东	丹东公路口岸	20.30	—	—	154 000		
		丹东铁路口岸	13.00	—	—	1 000		
吉林	集安	集安铁路口岸	2.54	—	—	684		
	圈河	圈河公路口岸	44.01	—	—	142 507		
黑龙江	密山	密山公路口岸	15.02	—	—	6 509		
	虎林	虎林公路口岸	22.48	—	—	4 166		

4.2 经济发展

4.2.1 中蒙俄国际经济走廊全考察区省级经济发展数据集（2010年、2015年、2018年）

（1）数据集元数据

数据集标题：中蒙俄国际经济走廊全考察区省级经济发展数据集（2010年、2015年、2018年）。

数据集摘要：中蒙俄国际经济走廊全考察区省级经济发展数据，包含中蒙俄三个国家48个省级行政单元的GDP等7个指标项的数据，数据时间为2010年、2015年、2018年。

数据空间范围：该数据集省级单元包括中国黑龙江、吉林、辽宁和内蒙古四省区，俄罗斯阿尔泰边疆区、阿穆尔州、彼尔姆边疆区、滨海边疆区、布里亚特共和国、外贝加尔边疆区、楚瓦什共和国、鞑靼斯坦共和国、鄂木斯克州、弗拉基米尔州、哈巴罗夫斯克边疆区、哈卡斯共和国、基洛夫州、克拉斯诺亚尔斯克边疆区、克麦罗沃州、列宁格勒州、马里埃尔共和国、莫尔多瓦共和国、莫斯科市、莫斯科州、诺夫哥罗德州、秋明州、萨哈林州、斯维尔德洛夫斯克州、特维尔州、图瓦共和国、乌德穆尔特共和国、下诺夫哥罗德州、新西伯利亚州、伊尔库茨克州、犹太自治州、圣彼得堡等32个省级行政单元，蒙古国东方省、东戈壁省、鄂尔浑省、戈壁苏木贝尔省、肯特省、南戈壁省、色楞格省、苏赫巴托尔省、乌兰巴托、中戈壁省、中央省、达尔汗乌勒省等12个省级行政单元。

数据关键词：经济发展、GDP、中蒙俄国际经济走廊。

数据集时间：2010年、2015年、2018年。

数据集格式：Excel。

数据集类型：属性。

资源负责方：中国科学院地理科学与资源研究所。

通信地址：北京市朝阳区大屯路甲11号。

（2）数据集说明

数据集内容说明：该数据集依据整理和收集的中蒙俄国际经济走廊全考察区省级单元2010年、2015年、2018年经济发展数据而得，含有GDP、GDP增速、人均GDP、农业增加值占GDP比例、工业增加值占GDP比例、服务业增加值占GDP比例、社会消费品零售总额字段数据。

本图集的要素项内容说明见表4-8。

表 4-8　中蒙俄国际经济走廊全考察区省级经济发展数据集要素项内容说明

数据文件名称	要素项（字段）	字段中文名称	字段度量单位
中蒙俄国际经济走廊全考察区省级经济发展数据集	GDP（百万美元）	GDP	百万美元
	GDP 增速（%）	GDP 增速	%
	人均 GDP（美元）	人均 GDP	美元
	农业增加值占 GDP 比例（%）	农业增加值占 GDP 的比例	%
	工业增加值占 GDP 比例（%）	工业增加值占 GDP 的比例	%
	服务业增加值占 GDP 比例（%）	服务业增加值占 GDP 的比例	%
	社会消费品零售总额（百万美元）	社会消费品零售总额	百万美元

数据加工方法：该数据集收集了中蒙俄国际经济走廊全考察区省级多年经济发展统计数据，结合考察调研所获取的经济发展资料，由专业人员对外文资料进行翻译，进行数据清洗和查缺补漏。因中蒙俄三国计算标准及量纲不一致，参照国际标准，统一数据量纲，并将数据统一至标准化、规范化的表格形式。

数据质量描述：数据加工生产过程中基于项目制定的属性数据生产规范，由专业翻译人员进行翻译，对数据进行严格的清洗和查缺补漏，参照国际标准规范统一量纲，并建立严格的数据审查机制，对数据进行两轮人工核校，将处理后的数据与原始数据进行反复抽查、比对，确保数据的准确性和一致性。经多人复核，质量优良可靠。

数据应用成果：面向科学研究领域，主要用于地理学、区域经济方面的研究应用，可为相关研究人员提供中蒙俄国际经济走廊基础经济统计数据。

（3）数据集内容

中蒙俄国际经济走廊全考察区省级经济发展数据集（2010 年、2015 年、2018 年）包含 3 个 Excel 表格文件，144 行数据记录。2018 年中蒙俄国际经济走廊全考察区省级经济发展数据集部分指标示例如表 4-9 所示。

表 4-9　中蒙俄国际经济走廊全考察区省级经济发展数据集部分指标示例（2018 年）

行政区名称	GDP/百万美元	GDP 增速/%	人均 GDP/美元	农业增加值占 GDP 比例/%	工业增加值占 GDP 比例/%	服务业增加值占 GDP 比例/%	社会消费品零售总额/百万美元
阿尔泰边疆区	8 799.6	2.2	3 772	5.0	65.9	26.5	5 620.8
阿穆尔州	4 817.1	1.5	6 073	11.4	35.8	52.6	2 726.2
彼尔姆边疆区	21 095.6	0.8	8 080	4.4	59.7	31.9	8 574.3
滨海边疆区	13 344.4	1.9	7 013	16.8	18.4	65.1	6 483.1
布里亚特共和国	3 618.2	4.7	3 680	10.8	33.6	58.5	2 826.3
楚瓦什共和国	4 764.4	1.9	3 894	16.6	38.1	47	2 437.7
鞑靼斯坦共和国	39 507.5	2.1	10 134	11.4	56.6	31.3	14 631.8
鄂木斯克州	10 905.9	−0.1	5 609	10.4	26.9	63.6	5 274.7

4.2.2 中蒙俄国际经济走廊全考察区省级经济发展图集（2010 年、2015 年、2018 年）

（1）数据集元数据

数据集标题：中蒙俄国际经济走廊全考察区省级经济发展图集（2010 年、2015 年、2018 年）。

数据集摘要：中蒙俄国际经济走廊全考察区省级经济发展图集数据包含中蒙俄三个国家 48 个省级行政单元的 GDP 等 7 个指标的数据，数据时间为 2010 年、2015 年、2018 年。

数据空间范围：该图集省级单元包括中国黑龙江、吉林、辽宁和内蒙古四省区，俄罗斯阿尔泰边疆区、阿穆尔州、彼尔姆边疆区、滨海边疆区、布里亚特共和国、外贝加尔边疆区、鞑靼斯坦共和国、鄂木斯克州、弗拉基米尔州、哈巴罗夫斯克边疆区、哈卡斯共和国、基洛夫州、克拉斯诺亚尔斯克边疆区、克麦罗沃州、列宁格勒州、莫斯科市、莫斯科州、诺夫哥罗德州、秋明州、萨哈林州、斯维尔德洛夫斯克州、特维尔州、图瓦共和国、乌德穆尔特共和国、下诺夫哥罗德州、新西伯利亚州、伊尔库茨克州、犹太自治州、圣彼得堡等 28 个省级行政单元，蒙古国东方省、东戈壁省、戈壁苏木贝尔省、肯特省、南戈壁省、色楞格省、苏赫巴托尔省、乌兰巴托、中戈壁省、中央省、达尔汗乌勒省等 11 个省级行政单元。

数据关键词：经济发展、GDP、图集、中蒙俄国际经济走廊。

数据集时间：2010 年、2015 年、2018 年。

数据集格式：MXD、PDF、SHP。

数据集类型：矢量。

资源负责方：中国科学院地理科学与资源研究所。

通信地址：北京市朝阳区大屯路甲 11 号。

（2）数据集说明

数据集内容说明：该图集依据整理和收集的中蒙俄国际经济走廊全考察区省级单元 2010 年、2015 年、2018 年经济发展数据而得，包括 GDP、GDP 增速、人均 GDP、农业增加值占 GDP 比例、工业增加值占 GDP 比例、服务业增加值占 GDP 比例、社会消费品零售总额字段数据。

本图集的要素项说明见表 4-10。

表 4-10　中蒙俄国际经济走廊全考察区省级经济发展图集要素项内容说明

数据文件名称	要素项（字段）	字段中文名称	字段度量单位
中蒙俄国际经济走廊全考察区省级经济发展图集	FID	编号	—
	SHAPE*	图层类型	—
	Name	名称	—
	Name_EN	英文名称	—
	Name_CN	中文名称	—
	National	国家	—
	GDP_（百万美元）	GDP	百万美元
	GDP 增速	GDP 增速	%
	人均 GDP	人均 GDP	美元
	农业增	农业增加值占 GDP 的比例	%
	工业增	工业增加值占 GDP 的比例	%
	服务业	服务业增加值占 GDP 的比例	%
	社会消	社会消费品零售总额	百万美元

数据加工方法：该图集通过收集中蒙俄国际经济走廊全考察区省级多年经济发展统计数据，结合考察调研所获取的经济发展资料，由专业人员对外文资料进行翻译，进行数据清洗和查缺补漏。因中蒙俄三国计算标准及量纲不一致，参照国际标准，统一数据量纲，并将数据统一至标准化、规范化的表格形式。结合底图轮廓进行加工处理，最终通过专业制图软件形成 MXD、SHP、PDF 格式图集。

数据质量描述：数据加工生产过程中基于项目制定的图集数据生产规范，对数据进行严格的清洗和查缺补漏，结合底图轮廓进行加工处理过程中建立严格的数据审查机制，将处理后的数据与原始数据进行两轮人工核校与抽查对比，确保数据具有逻辑一致性，质量可靠。

数据应用成果：面向科学研究领域，主要用于地理学、区域经济方面的研究应用，可为相关科学研究工作提供比较全面的中蒙俄国际经济走廊经济发展数据，支撑行业政策制定。

（3）数据集内容

2018 年中蒙俄国际经济走廊全考察区省级经济发展图集示意如图 4-2 所示。

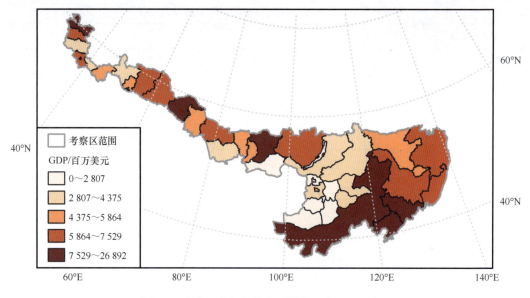

图 4-2　考察区省级经济发展图集示意（2018 年）

4.2.3　中蒙俄国际经济走廊全考察区俄罗斯区域省级经济发展数据集（2010 年、2015 年、2018 年）

（1）数据集元数据

数据集标题：中蒙俄国际经济走廊全考察区俄罗斯区域省级经济发展数据集（2010 年、2015 年、2018 年）。

数据集摘要：中蒙俄国际经济走廊全考察区俄罗斯区域省级经济发展数据集包含 2010 年、2015 年、2018 年俄罗斯区域省级经济发展数据集，包括 GDP、人均 GDP、产业结构、贸易、经济增速等。

数据空间范围：该数据集俄罗斯考察区省级单元包括弗拉基米尔州、莫斯科州、特维尔州、莫斯科市、列宁格勒州、诺夫哥罗德州、圣彼得堡、马里埃尔共和国、莫尔多瓦共和国、鞑靼斯坦共和国、乌德穆尔特共和国、楚瓦什共和国、彼尔姆边疆区、基洛夫州、下诺夫哥罗德州、斯维尔德洛夫斯克州、秋明州、布里亚特共和国、图瓦共和国、哈卡斯共和国、阿尔泰边疆区、外贝加尔边疆区、克拉斯诺亚尔斯克边疆区、伊尔库茨克州、克麦罗沃州、新西伯利亚州、鄂木斯克州、滨海边疆区、哈巴洛夫斯克边疆区、阿穆尔州、萨哈林州、犹太自治州等，地理上位于 50°N～80°N，30°E～180°。

数据关键词：中蒙俄国际经济走廊、俄罗斯、省级、经济发展。

数据集时间：2010 年、2015 年、2018 年。

数据集格式：Excel。

数据集类型：属性。

资源负责方：中国科学院地理科学与资源研究所。

通信地址：北京市朝阳区大屯路甲 11 号。

（2）数据集说明

数据集内容说明：该数据集依据整理和收集的中蒙俄国际经济走廊考察区俄罗斯部分所辖的省级单元 2010 年、2015 年、2018 年经济社会数据而得，含有 GDP、人均GDP、产业结构、贸易、经济增速等经济发展水平数据等字段数据。

本数据集的要素项说明见表 4-11。

表 4-11　中蒙俄国际经济走廊全考察区俄罗斯区域省级经济发展数据集要素项内容说明

数据集名称	要素项（字段）	字段中文名称	字段度量单位
中蒙俄国际经济走廊全考察区俄罗斯区域省级经济发展数据集	人均收入（美元）	人均收入	美元
	收入增长率（%）	收入增长率	%
	企业活动所得（%）	企业活动所得	%
	工资收入（%）	工资收入	%
	社会福利所得（%）	社会福利所得	%
	财产所得收入（%）	财产所得收入	%
	其他收入（%）	其他收入	%
	实际工资增长率（%）	实际工资增长率	%
	月平均工资（美元）	月平均工资	美元
	地区生产总值（百万美元）	地区生产总值	百万美元
	农业增加值比例（%）	农业增加值比例	%
	渔业增加值比例（%）	渔业增加值比例	%
	矿产业增加值比例（%）	矿产业增加值比例	%
	制造业比例（%）	制造业比例	%
	电力生产比例（%）	电力生产比例	%
	建筑业比例（%）	建筑业比例	%
	批发零售业比例（%）	批发零售业比例	%
	餐饮业比例（%）	餐饮业比例	%
	运输通信业比例（%）	运输通信业比例	%
	金融业比例（%）	金融业比例	%
	房地产交易比例（%）	房地产交易比例	%
	国家安全比例（%）	国家安全比例	%
	教育业比例（%）	教育业比例	%
	医疗服务业比例（%）	医疗服务业比例	%
	其他公共服务业比例（%）	其他公共服务业比例	%
	企业组织数量（百万家）	企业组织数量	百万家
	农村组织数量（百万家）	农村组织数量	百万家

数据集名称	要素项（字段）	字段中文名称	字段度量单位
中蒙俄国际经济走廊全考察区俄罗斯区域省级经济发展数据集	渔业组织（百万家）	渔业组织	百万家
	矿产开采组织（百万家）	矿产开采组织	百万家
	制造业组织（百万家）	制造业组织	百万家
	电力组织（百万家）	电力组织	百万家
	建筑业组织（百万家）	建筑业组织	百万家
	批发零售业组织（百万家）	批发零售业组织	百万家
	餐饮业组织（百万家）	餐饮业组织	百万家
	运输通信业组织（百万家）	运输通信业组织	百万家
	金融业组织（百万家）	金融业组织	百万家
	房地产组织（百万家）	房地产组织	百万家
	国家安全组织（百万家）	国家安全组织	百万家
	教育业组织（百万家）	教育业组织	百万家
	医疗服务业组织（百万家）	医疗服务业组织	百万家
	其他公共服务业组织（百万家）	其他公共服务业组织	百万家
	小企业数量（万家）	小企业数量	万家
	平均雇佣人数（万人）	平均雇佣人数	万人
	企业家数量（万人）	企业家数量	万人
	国民收入（按税收）（百万美元）	国民收入（按税收）	百万美元
	矿产开采收入（百万美元）	矿产开采收入	百万美元
	燃料能源矿产开采收入（百万美元）	燃料能源矿产开采收入	百万美元
	除燃料能源矿产开采外收入（百万美元）	除燃料能源矿产开采外收入	百万美元
	制造业产值（百万美元）	制造业产值	百万美元
	食品加工业产值（百万美元）	食品加工业产值	百万美元
	纺织业产值（百万美元）	纺织业产值	百万美元
	皮革制品产值（百万美元）	皮革制品产值	百万美元
	木材加工业产值（百万美元）	木材加工业产值	百万美元
	纸品制造业产值（百万美元）	纸品制造业产值	百万美元
	石油产值（百万美元）	石油产值	百万美元
	化工业产值（百万美元）	化工业产值	百万美元
	塑料制品产值（百万美元）	塑料制品产值	百万美元
	非金属矿生产产业产值（百万美元）	非金属矿生产产业产值	百万美元
	冶金产业产值（百万美元）	冶金产业产值	百万美元
	汽车及设备制造产业产值（百万美元）	汽车及设备制造产业产值	百万美元
	电子设备制造产业产值（百万美元）	电子设备制造产业产值	百万美元
	交通运输设备产值（百万美元）	交通运输设备产值	百万美元
	其他加工产业产值（百万美元）	其他加工产业产值	百万美元

续表

数据集名称	要素项（字段）	字段中文名称	字段度量单位
	电力、天然气和水的生产与分配（百万美元）	电力、天然气和水的生产与分配	百万美元
	生产、输送与分配电能、天然气、蒸汽和热水（百万美元）	生产、输送与分配电能、天然气、蒸汽和热水	百万美元
	其中：输送电力蒸汽（百万美元）	其中：输送电力蒸汽	百万美元
	水的收集、净化和分配（百万美元）	水的收集、净化和分配	百万美元
	面包和面粉烤制品生产（百万美元）	面包和面粉烤制品生产	万 t
	木材生产（万立方米）	木材生产	万 m³
	生产结构和零件预制混凝土（万立方米）	生产结构和零件预制混凝土	万 m³
	电力生产（亿千瓦时）	电力生产	亿 kW·h
	农业生产总值（百万美元）	农业生产总值	百万美元
	农业组织（%）	农业组织	%
	集体农庄（%）	集体农庄	%
中蒙俄国际经济走廊全考察区俄罗斯区域省级经济发展数据集	农民个人（%）	农民个人	%
	谷物粒加工重量（万吨）	谷物粒加工重量	万 t
	向日葵收集重量（万吨）	向日葵收集重量	万 t
	马铃薯收集重量（万吨）	土豆收集重量	万 t
	蔬菜收集重量（万吨）	蔬菜收集重量	万 t
	生产和牲畜屠宰（万吨）	生产和牲畜屠宰	万 t
	牛奶生产（万吨）	牛奶生产	万 t
	蛋生产（万个）	蛋生产	万个
	工程活动产值（百万美元）	工程活动产值	百万美元
	构成：国有制比例（百万美元）	构成：国有制比例	百万美元
	市政府产值（百万美元）	市政府产值	百万美元
	私有制产值（百万美元）	私有制产值	百万美元
	混合制产值（百万美元）	混合制产值	百万美元
	施工单位的数量（家）	施工单位的数量	家
	其中：国有制比例（家）	其中：国有制比例	家
	私有制比例（家）	私有制比例	家
	混合制比例（家）	混合制比例	家

　　数据加工方法：该数据集收集了中蒙俄国际经济走廊全考察区俄罗斯区域省级多年经济发展统计数据，结合考察调研所获取的经济发展资料，由专业人员对外文资料进行翻译，进行数据清洗和查缺补漏。因中蒙俄三国计算标准及量纲不一致，参照国际标准，统一数据量纲，并将数据统一至标准化、规范化的表格形式。

　　数据质量描述：数据加工生产过程中基于项目制定的属性数据生产规范，由专业翻译人员进行翻译，对数据进行严格的清洗和查缺补漏，参照国际标准规范统一量纲，并建立严格的数据审查机制，对数据进行两轮人工核校，将处理后的数据与原始数据进行反复抽查、比对，确保数据的准确性和一致性。经多人复核，数据质量等同于源数据，数据质量较高。

数据应用成果：面向科学研究领域，主要用于地理学、区域经济方面的相关研究应用，可为相关研究人员提供中蒙俄国际经济走廊俄罗斯部分基础经济统计数据。

（3）数据集内容

2018 年中蒙俄国际经济走廊全考察区俄罗斯区域省级经济发展数据集部分指标如表 4-12 所示。

表 4-12　中蒙俄国际经济走廊全考察区俄罗斯区域省级经济发展数据集部分指标示例（2018 年）

指标	弗拉基米尔州	莫斯科州	特维尔州	莫斯科市	列宁格勒州
人均收入/美元	376.624	715.312	402	1 094.176	501.456
收入增长率/%	96.4	102.6	101.8	104.4	102
企业活动所得/%	5.6	4.6	4.2	4.6	6.7
工资收入/%	58.6	51.4	51.3	68.9	61.1
社会福利所得/%	27.1	13.7	25.5	12.9	17.4
财产所得收入/%	3.8	4.3	2.9	9.6	4.7
其他收入/%	4.9	26	16.1	4	10.1
实际工资增长率/%	109.9	106.5	109.8	109.6	107.9
月平均工资/美元	376.624	715.312	402	1 094.176	501.456
地区生产总值/百万美元	7 048.688	67 228.3	7 066.458	286 104.3	17 670.97
农业增加值比例/%	4	1.7	6.8	0.1	4.9
渔业增加值比例/%	4	1.7	6.8	0.1	4.9
矿产业增加值比例/%	0.4	0.2	0.1	0	0.7
制造业比例/%	34.4	20.6	22.1	16.2	31.3
电力生产比例/%	2.9	2.8	8.6	2.7	5.5
建筑业比例/%	4.5	5.2	6.3	3.4	10.5
批发零售业比例/%	15.1	27	13.9	28.6	11
餐饮业比例/%	8.1	8.3	11.5	13.6	13.7
运输通信业比例/%	0.4	0.5	0.3	1.7	0.1
金融业比例/%	6.6	11.1	5.4	9.6	6.7
房地产交易比例/%	5.8	4.9	6.6	4.1	3
国家安全比例/%	3.4	3	3.8	2.2	2.1
教育业比例/%	5.3	4.3	5.1	3	3.6
医疗服务业比例/%	1.1	1.1	0.8	1.1	0.9
其他公共服务业比例/%	717	4 290	678	12 863	804
企业组织数量/百万家	30 959	217 443	32 521	854 131	32 743

指标	弗拉基米尔州	莫斯科州	特维尔州	莫斯科市	列宁格勒州
农村组织数量/百万家	1 193	5 633	1 534	3 520	1 691
渔业组织/百万家	1 193	5 633	1 534	3 520	1 691
矿产开采组织/百万家	107	428	148	1 723	186
制造业组织/百万家	3 543	20 129	2 913	45 848	3 045
电力组织/百万家	271	1 376	350	1 796	215
建筑业组织/百万家	2 756	22 005	3 136	96 557	2 964
批发零售业组织/百万家	7 244	58 898	7 392	322 267	5 828
餐饮业组织/百万家	813	5 197	862	18 036	824
运输通信业组织/百万家	686	5 324	803	43 171	589
金融业组织/百万家	543	3 018	431	22 438	292
房地产组织/百万家	4 332	31 916	3 683	45 746	6 691
国家安全组织/百万家	846	2 156	1 311	2 395	749
教育业组织/百万家	1 227	6 018	1 411	7 657	1 159
医疗服务业组织/百万家	740	4 348	802	10 917	691
其他公共服务业组织/百万家	1 546	8 845	1 806	26 120	1 897
小企业数量/万家	1.85	12.92	2.01	52.69	1.77
平均雇佣人数/万人	11.75	61.5	10.18	167.75	13.13
企业家数量/万人	30.9	108.9	23.5	212.4	33.8
国民收入（按税收）/百万美元	1.937 6	6.982 4	1.268 8	21.803 2	2.572 8
矿产开采收入/百万美元	80.08	203.904	15.52	28 941.17	253.712
除燃料能源矿产开采外收入/百万美元	1.6	1.587 2	1.571 2	0.008	1.588 8
制造业产值/百万美元	7 174.848	41 605.44	4 932.576	102 618.6	17 531.92
食品加工业产值/百万美元	0.52	0.393 6	0.286 4	0.099 2	0.324 8
纺织业产值/百万美元	0.060 8	0.038 4	0.073 6	0.017 6	0.016
皮革制品产值/百万美元	3.9	1.9	4	1	1.1
木材加工业产值/百万美元	0.044 8	0.027 2	0.076 8	0.004 8	0.038 4
纸品制造业产值/百万美元	0.016	0.099 2	0.096	0.022 4	0.144
石油产值/百万美元	7.6	6.5	4.7	2	5.7
化工业产值/百万美元	0.097 6	0.115 2	0.188 8	0.918 4	0.505 6
塑料制品/百万美元	6	6.8	11.5	52.4	28.4
非金属矿生产产业产值/百万美元	0.153 6	0.177 6	0.048	0.064	0.107 2
冶金产业产值/百万美元	0.110 4	0.115 2	0.072	0.025 6	0.088
汽车及设备制造产业产值/百万美元	0.217 6	0.235 2	0.155 2	0.16	0.08
电子设备制造产业产值/百万美元	0.192	0.142 4	0.075 2	0.094 4	0.054 4
交通运输设备产值/百万美元	7.1	12.9	33.4	7.1	14.1

指标	弗拉基米尔州	莫斯科州	特维尔州	莫斯科市	列宁格勒州
其他加工产业产值/百万美元	0.113 6	0.171 2	0.472	0.124 8	0.203 2
电力、天然气和水的生产与分配/百万美元	580.72	4 603.648	1 648.448	12 534.14	2 084.032
生产、输送与分配电能、天然气、蒸汽和热水/百万美元	56.2	50	86.6	69.3	84
其中：输送电力蒸汽/百万美元	4.6	10.1	2.5	1.9	2.1
水的收集、净化和分配/百万美元	39.2	39.9	10.9	28.8	13.9
木材生产/万 m³	271.6	394.9	739.6	—	803.1
农业生产总值/百万美元	474.416	1 734.768	622.832	116.928	1 467.472
农业组织/%	95.6	92.5	84.3	100	93.4
集体农庄/%	0	—	0.2	—	—
农民个人/%	4.3	7.5	15.5		6.6
谷物粒加工重量/万 t	16.56	369.3	80.9	1.6	120.3
向日葵收集重量/万 t	—				
马铃薯收集重量/万 t	19.88	61.05	23.48	0.62	20.44
蔬菜收集重量/万 t	7.45	53.14	5.72	2.76	17.55
生产和牲畜屠宰/万 t	3.88	24.1	14.41	0.12	27.45
牛奶生产/万 t	40.08	65.65	22.33	2.73	62.39
蛋生产/万个	589.9	139.7	135.2	1	3 157.7
工程活动产值/百万美元	648.499 2	7 126.603	377.868 8	14 477.07	2 559.197
构成：国有制产值/百万美元	27.885 47	57.012 83	2.267 213	347.449 6	15.355 18
市政府产值/百万美元	3.242 496	7.126 603	0.377 869	—	2.559 197
私有制产值/百万美元	94.4	93.7	94.3	85	90.7
混合制产值/百万美元	612.183 2	6 677.627	356.330 3	12 305.51	2 321.191
施工单位的数量/家	2 209	19 824	2 518	23 890	1 570
其中：国有制比例/家	—	31	8	26	5
私有制比例/家	2 205	19 349	2 503	23 735	1 539
混合制比例/家	1	18	2	16	9

4.2.4　中蒙俄国际经济走廊全考察区蒙古国区域省级经济发展数据集（2010 年、2015 年、2018 年）

（1）数据集元数据

数据标题：中蒙俄国际经济走廊全考察区蒙古国区域省级经济发展数据集（2010 年、2015 年、2018 年）。

数据集摘要：2010 年、2015 年、2018 年蒙古国区域经济发展数据集含家畜总量、种畜、牧民家庭数、牧民、播种面积、地方政府总收入、地方政府总支出等。

数据空间范围：该数据集主要覆盖蒙古国地区，具体为达尔汗乌勒省、东戈壁省、中戈壁省、南戈壁省、色楞格省、中央省、东方省、苏赫巴托尔省、肯特省。

数据关键词：中蒙俄国际经济走廊、蒙古国、省级、经济发展。

数据集时间：2010 年、2015 年、2018 年。

数据集格式：Excel。

数据集类型：属性。

资源负责方：中国科学院地理科学与资源研究所。

通信地址：北京市朝阳区大屯路甲 11 号。

（2）数据集说明

数据集内容说明：该数据集为蒙古国区域 2010 年、2015 年、2018 年的经济发展指标数量数据，包括家畜总量、种畜数量、牧民家庭数、牧民、播种面积、地方财政总收入、地方财政总支出等，数据以省级行政单元为主。具体要素项如表 4-13 所示。

表 4-13　中蒙俄国际经济走廊全考察区蒙古国区域省级经济发展数据集要素项内容说明

数据文件名称	要素项（字段）	字段中文名称	字段度量单位
中蒙俄国际经济走廊全考察区蒙古国区域省级经济发展数据集	家畜总量（万头（只））	家畜总量	万头（只）
	种畜（万头（只））	种畜	万头（只）
	牧民家庭数（户）	牧民家庭数	户
	牧民（人）	牧民	人
	播种面积（万公顷）	播种面积	万 hm^2
	地方财政总收入（万美元）	地方财政总收入	万美元
	地方财政总支出（万美元）	地方财政总支出	万美元

数据加工方法：该数据集收集了长时间序列的社会发展统计数据，结合考察调研所获取的社会发展资料，聘请专业人员对外文资料进行翻译，进行数据清洗和查缺补漏。因中蒙俄三国计算标准及量纲不一致，参照国际标准统一数据量纲，并将数据统一至标准化、规范化的表格形式。

数据质量描述：数据加工生产过程中基于项目制定的属性数据生产规范，聘请专业翻译人员对外文资料进行翻译，对数据进行严格的清洗和查缺补漏，参照国际标准规范统一量纲，并建立严格的数据审查机制，对数据进行两轮人工核校，将处理后的数据与原始数据进行反复抽查、比对，确保数据的准确性和一致性。数据字段值与原始数据相符，质量可靠。

数据应用成果：面向科学研究和技术服务业，可为社会人文科学有关领域的科学研究工作提供比较全面的社会发展数据，可支撑行业政策制定。

（3）数据集内容

2018 年中蒙俄国际经济走廊全考察区蒙古国区域省级经济发展数据集部分指标如表 4-14 所示。

表 4-14　中蒙俄国际经济走廊全考察区蒙古国区域省级经济发展数据集部分指标示例（2018 年）

指标	达尔汗乌勒省	东戈壁省	中戈壁省	南戈壁省
家畜总量/万头（只）	30.60	214.81	382.59	259.84
种畜/万头（只）	14.90	92.96	165.36	117.44
牧民家庭数/户	1257	4234	7159	5951
牧民/人	1846	7033	12136	9593
播种面积/万 hm^2	2.056	0.010	0.007	0.028
地方政府总收入/万美元	2171.163	2217.729	1474.465	6942.983
地方政府总支出/万美元	2454.494	2164.402	1418.578	5855.395

4.2.5　中蒙俄国际经济走廊全考察区中国区域省级经济发展数据集（2010 年、2015 年、2018 年）

（1）数据集元数据

数据标题：中蒙俄国际经济走廊全考察区中国区域省级经济发展数据集（2010 年、2015 年、2018 年）。

数据集摘要：2010 年、2015 年、2018 年中蒙俄国际经济走廊全考察区中国区域省级经济发展数据，数据包括人口、GDP、分产业 GDP、固定资产投资、消费、收入等。

数据空间范围：中蒙俄国际经济走廊全考察区中国区域。

数据关键词：中蒙俄国际经济走廊、中国、省级、经济发展。

数据集时间：2010 年、2015 年、2018 年。

数据集格式：Excel。

数据集类型：属性。

资源负责方：中国科学院地理科学与资源研究所。

通信地址：北京市朝阳区大屯路甲 11 号。

（2）数据集说明

数据集内容说明：该数据集包括中蒙俄国际经济走廊中国段所辖的省级单位和地级单元 2010 年、2015 年、2018 年的经济社会数据，含有 GDP、增长率、人均 GDP 等字段数据，具体要素项如表 4-15 所示。

表 4-15　中蒙俄国际经济走廊全考察区中国区域省级经济发展数据集要素项内容说明

数据文件名称	要素项（字段）	字段中文名称	字段度量单位
中蒙俄国际经济走廊全考察区中国区域省级经济发展数据集	常住总人口（万人）	常住总人口	万人
	同比增加（万人）	同比增加	万人
	城镇人口（万人）	城镇人口	万人
	农村人口（万人）	农村人口	万人
	城镇化率（%）	城镇化率	%
	男性人口（万人）	男性人口	万人
	女性人口（万人）	女性人口	万人
	出生人口（万人）	出生人口	万人
	出生率（‰）	出生率	‰
	死亡人口（万人）	死亡人口	万人
	死亡率（‰）	死亡率	‰
	自然增长率（‰）	自然增长率	‰
	城镇就业人口（万人）	城镇就业人口	万人
	城镇新增就业人员（万人）	城镇新增就业人员	万人
	年末城镇登记失业率（%）	年末城镇登记失业率	%
	研究生培养单位（所）	研究生培养单位	所
	招收研究生（万人）	招收研究生	万人
	在校研究生（万人）	在校研究生	万人
	普通高校（所）	普通高校	所
	招收普通本、专科学生（万人）	招收普通本、专科学生	万人
	普通本、专科在校生（万人）	普通本、专科在校生	万人
	国内专利申请量（件）	国内专利申请量	件
	同比增长（%）	同比增长	%
	授权专利（件）	授权专利	件
	同比增长（%）	同比增长	%
	文化馆（个）	文化馆	个
	艺术表演团体（个）	艺术表演团体	个
	公共图书馆（个）	公共图书馆	个
	博物馆（个）	博物馆	个
	卫生技术人员（万人）	卫生技术人员	万人

数据文件名称	要素项（字段）	字段中文名称	字段度量单位
中蒙俄国际经济走廊全考察区中国区域省级经济发展数据集	卫生机构医疗床位（万张）	卫生机构医疗床位	万张
	城镇常住居民人均可支配收入（元）	城镇常住居民人均可支配收入	元
	同比增长（%）	同比增长	%
	城镇常住居民人均消费支出（元）	城镇常住居民人均消费支出	元
	同比增长（%）	同比增长	%
	农村常住居民人均可支配收入（元）	农村常住居民人均可支配收入	元
	同比增长（%）	同比增长	%
	农村常住居民人均消费支出（元）	农村常住居民人均消费支出	元
	同比增长（%）	同比增长	%
	城镇恩格尔系数	城镇恩格尔系数	—
	农村恩格尔系数	农村恩格尔系数	—
	自然保护区（个）	自然保护区	个
	自然保护区面积（万公顷）	自然保护区面积	万公顷

数据加工方法：该数据集通过收集长时间序列的社会发展统计数据，结合考察调研所获取的社会发展资料，进行数据清洗和查缺补漏。因中蒙俄三国计算标准及量纲不一致，参照国际标准统一数据量纲，并将数据统一至标准化、规范化的表格形式。

数据质量描述：数据加工生产过程中基于项目制定的属性数据生产规范，对数据进行严格的清洗和查缺补漏，参照国际标准规范统一量纲，并建立严格的数据审查机制，对数据进行两轮人工核校，将处理后的数据与原始数据进行反复对照、纠错，确保数据的准确性和一致性。数据字段值与原始数据相符，质量可靠。

数据应用成果：面向科学研究和技术服务业，可为社会人文科学有关领域的科学研究工作提供比较全面的社会发展数据，可支撑行业政策制定。

（3）数据集内容

2018 年中蒙俄国际经济走廊全考察区中国区域省级经济发展数据集部分指标如表 4-16 所示。

表 4-16　中蒙俄国际经济走廊全考察区中国区域省级经济发展数据集部分指标示例（2018 年）

指标	黑龙江	吉林省	辽宁省
常住总人口/万人	3 773.1	2 704.06	4 359.3
同比增加/万人	−15.6	—	—
城镇人口/万人	2 267.6	1 555.65	2 968.7

指标	黑龙江	吉林省	辽宁省
农村人口/万人	1 505.5	1 148.41	1 390.6
城镇化率/%	60.1	57.53	68
男性人口/万人	1 899.3	—	—
女性人口/万人	1 873.8	—	—
出生人口/万人	—	17.99	27.9
出生率/‰	5.98	6.62	6.39
死亡人口/万人	—	17.01	32.3
死亡率/‰	6.67	6.26	7.39
自然增长率/‰	-0.69	0.36	-1
城镇就业人口/万人	—	—	—
城镇新增就业人员/万人	60.7	47.94	
年末城镇登记失业率/%	3.99	0.034 6	
研究生培养单位/所	28	21	—
招收研究生/万人	2.7	2.41	4.1
在校研究生/万人	7.3	6.88	11.7
普通高校/所	81	62	
招收普通本、专科学生/万人	20.6	18.75	26.8
普通本、专科在校生/万人	73.2	65.83	96.3
国内专利申请量/件	34 582	27 034	65 686
同比增长/%	11.7	0.322	—
授权专利/件	19 435	13 885	35 149
同比增长/%	6.7	25.2	—
文化馆/个	149	79	125
艺术表演团体/个	36	45	—
公共图书馆/个	109	66	130
博物馆/个	190	107	65
卫生技术人员/万人	23.1	18.34	29.1
卫生机构医疗床位/万张	25	15.79	30.3
城镇常住居民人均可支配收入/元	29 191	30 172	37 342
同比增长/%	6.4	0.065	6.7

指标	黑龙江	吉林省	辽宁省
城镇常住居民人均消费支出/元	21 035	22 394	—
同比增长/%	9.2	0.117	—
农村常住居民人均可支配收入/元	13 804	13 748	14 656
同比增长/%	9	0.062	6.6
农村常住居民人均消费支出/元	11 417	10 826	—
同比增长/%	8.5	0.053	—
城镇恩格尔系数	—	0.249	—
农村恩格尔系数	—	0.278	—
自然保护区/个	250	0.51	—
自然保护区面积/万 hm²	778.5	2.540 9	

4.2.6　中蒙俄国际经济走廊六区重点区省级经济发展数据集（2010 年、2015 年、2018 年）

（1）数据集元数据

数据标题：中蒙俄国际经济走廊六区重点区省级经济发展数据集（2010 年、2015 年、2018 年）。

数据集摘要：2010 年、2015 年、2018 年中蒙俄国际经济走廊六区重点区省级单元经济发展数据，包括环贝加尔湖城市群重点区、乌兰巴托重点区、中俄沿海通道重点区、中俄陆路口岸重点区、中蒙跨境重点区、新西伯利亚铁路枢纽重点区，GDP、GDP 增速、人均 GDP、农业增加值占 GDP 比例、工业增加值占 GDP 比例、服务业增加值占 GDP 比例、社会消费品零售总额。

数据空间范围：该数据集省级单元包括中国黑龙江、吉林、辽宁和内蒙古四省区，俄罗斯阿尔泰边疆区、阿穆尔州、滨海边疆区、布里亚特共和国、哈巴罗夫斯克边疆区、外贝加尔边疆区、新西伯利亚州、伊尔库茨克州、犹太自治区等 9 个省级行政单元，蒙古国东戈壁省、戈壁苏木贝尔省、肯特省、乌兰巴托、中央省等 5 个省级行政单元。

数据关键词：中蒙俄国际经济走廊、六区重点区、省级经济发展。

数据集时间：2010 年、2015 年、2018 年。

数据集格式：Excel。

数据集类型：属性。

资源负责方：中国科学院地理科学与资源研究所。

通信地址：北京市朝阳区大屯路甲 11 号。

（2）数据集说明

数据集内容说明：该数据集为中蒙俄国际经济走廊六区重点区省级单元 2010 年、2015 年、2018 年的经济发展数据，含有 GDP、GDP 增速、人均 GDP、农业增加值占 GDP 比例、工业增加值占 GDP 比例、服务业增加值占 GDP 比例、社会消费品零售总额字段数据。具体要素项如表 4-17 所示。

表 4-17　中蒙俄国际经济走廊六区重点区省级经济发展数据集要素项内容说明

数据文件名称	要素项（字段）	字段中文名称	字段度量单位
中蒙俄国际经济走廊六区重点区省级经济发展数据集	GDP（百万美元）	GDP	百万美元
	GDP 增速（%）	GDP 增速	%
	人均 GDP（美元）	人均 GDP	美元
	农业增加值占 GDP 比例（%）	农业增加值占 GDP 的比例	%
	工业增加值占 GDP 比例（%）	工业增加值占 GDP 的比例	%
	服务业增加值占 GDP 比例（%）	服务业增加值占 GDP 的比例	%
	社会消费品零售总额（百万美元）	社会消费品零售总额	百万美元

数据加工方法：该数据集基于人工摘录的长时间序列社会发展统计数据，结合考察调研所获取的社会发展资料，聘请专业人员对外文资料进行翻译，进行数据清洗和查缺补漏。因中蒙俄三国计算标准及量纲不一致，参照国际标准统一数据量纲，并将数据统一至标准化、规范化的表格形式。

数据质量描述：数据加工生产过程中基于项目制定的属性数据生产规范，聘请专业翻译人员对外文资料进行翻译，对数据进行严格的清洗和查缺补漏，参照国际标准规范统一量纲，并建立严格的数据审查机制，对数据进行两轮人工核校，将处理后的数据与原始数据进行反复抽查、比对，确保数据的准确性和一致性。数据字段值与原始数据相符，质量可靠。

数据应用成果：面向科学研究和技术服务业，可为社会人文科学有关领域的科学研究工作提供比较全面的社会发展数据，可支撑行业政策制定。

（3）数据集内容

2018 年中蒙俄国际经济走廊六区重点区省级经济发展数据集部分指标如表 4-18 所示。

表 4-18　中蒙俄国际经济走廊六区重点区省级经济发展数据集部分指标示例（2018 年）

行政区	GDP/百万美元	GDP 增速/%	人均 GDP/美元	农业增加值占 GDP 比例/%	工业增加值占 GDP 比例/%	服务业增加值占 GDP 比例/%	社会消费品零售总额/百万美元
黑龙江省	250 000	4.7	6 539	18.3	24.6	57.0	—
内蒙古自治区	260 000	5.3	10 322	10.1	39.4	50.5	110 000
东戈壁省	149.0	17.6	1 157	31.3	20.6	48.1	72.7

行政区	GDP/百万美元	GDP增速/%	人均GDP/美元	农业增加值占GDP 比例/%	工业增加值占GDP 比例/%	服务业增加值占GDP 比例/%	社会消费品零售总额/百万美元
乌兰巴托	8 699.7	12.0	411	0.4	41.8	57.9	7 133.3
新西伯利亚州	20 036.1	3.4	7 173	9.2	27	55.1	8 000.7
阿尔泰边疆区	8 799.6	2.2	3 772	5.0	65.9	26.5	5 620.8

4.2.7　中蒙俄国际经济走廊重点城市经济发展数据集（2010年、2015年、2018年）

（1）数据集元数据

数据标题：中蒙俄国际经济走廊重点城市经济发展数据集（2010年、2015年、2018年）。

数据集摘要：2010年、2015年、2018年中蒙俄国际经济走廊重点城市经济发展数据主要包括财政收入数据。

数据空间范围：该数据集重点城市包括乌兰察布市、乌海市、兴安盟、包头市、呼伦贝尔市、呼和浩特市、巴彦淖尔市、赤峰市、通辽市、鄂尔多斯市、锡林郭勒盟、阿拉善盟、吉林市、四平市、延边朝鲜族自治州、松原市、白城市、白山市、辽源市、通化市、长春市、丹东市、大连市、抚顺市、朝阳市、本溪市、沈阳市、盘锦市、营口市、葫芦岛市、辽阳市、铁岭市、锦州市、阜新市、鞍山市、七台河市、伊春市、佳木斯市、双鸭山市、哈尔滨市、大庆市、牡丹江市、绥化市、鸡西市、鹤岗市、黑河市、齐齐哈尔市等48个重点城市，俄罗斯莫斯科、圣彼得堡、叶卡捷琳堡、喀山、秋明、乌兰乌德、赤塔、伊尔库茨克、新西伯利亚市、鄂木斯克市、符拉迪沃斯托克（海参崴）、哈巴罗夫斯克（伯力）、共青城、比罗比詹等14个重点城市，蒙古国达尔汗、乌兰巴托两个重点城市。

数据关键词：中蒙俄国际经济走廊、重点城市、经济发展。

数据集时间：2010年、2015年、2018年。

数据集格式：Excel。

数据集类型：属性。

资源负责方：中国科学院地理科学与资源研究所。

通信地址：北京市朝阳区大屯路甲11号。

（2）数据集说明

数据集内容说明：该数据集包括中蒙俄国际经济走廊重点城市2010年、2015年、2018年经济发展数据，含有财政收入字段数据，字段说明如表4-19所示。

表 4-19　中蒙俄国际经济走廊重点城市经济发展数据集要素项内容说明

数据文件名称	要素项（字段）	字段中文名称	字段度量单位	备注
中蒙俄国际经济走廊重点城市经济发展数据集	财政收入（百万美元）	财政收入	百万美元	俄罗斯为财政收入、蒙古为地方政府总收入、中国为一般公共预算收入

数据加工方法：该数据集收集长时间序列的社会发展统计数据，结合考察调研所获取的社会发展资料，由专业人员对外文资料进行翻译，进行数据清洗和查缺补漏。因中蒙俄三国计算标准及量纲不一致，参照国际标准统一数据量纲，并将数据统一至标准化、规范化的表格形式。

数据质量描述：数据加工生产过程中基于项目制定的属性数据生产规范，聘请专业翻译人员对外文资料进行翻译，对数据进行严格的清洗和查缺补漏，参照国际标准规范统一量纲，并建立严格的数据审查机制，对数据进行两轮人工核校，将处理后的数据与原始数据进行反复抽查、比对，确保数据的准确性和一致性。数据字段值与原始数据相符，质量可靠。

数据应用成果：面向科学研究和技术服务业，可为社会人文科学有关领域的科学研究工作提供比较全面的社会发展数据，可支撑行业政策制定。

（3）数据集内容

2018 年中蒙俄国际经济走廊重点城市经济发展数据集部分内容如表 4-20 所示。

表 4-20　中蒙俄国际经济走廊重点城市经济发展数据集部分指标示例（2018 年）

行政区	财政收入/百万美元	经济总量/百万美元	人均经济量/美元	增速/%	贸易/百万美元
莫斯科	302 188.31	158 743.04	1 097.79	9.60	76 775.26
圣彼得堡	98 072.84	54 689.95	791.52	9.10	22 598.50
乌兰察布市	698.35	11 555.62	5 504.53	5.50	5 524.36
包头市	2 157.63	44 615.93	15 474.46	6.80	22 838.25
达尔汗	2 454.49	—	—	—	—
乌兰巴托	43 502.61	—	—	—	—

4.2.8　俄罗斯重点城市经济发展数据集（2010 年、2015 年、2018 年）

（1）数据集元数据

数据标题：俄罗斯重点城市经济发展数据集（2010 年、2015 年、2018 年）。

数据集摘要：2010 年、2015 年、2018 年中蒙俄国际经济走廊俄罗斯重点城市经济发展数据，数据包括 GDP、人均收入、收入增长率、月平均工资、固定资产投资、财政收入等。

数据空间范围：该数据集重点城市包括俄罗斯莫斯科、圣彼得堡、叶卡捷琳堡、喀山、秋明、乌兰乌德、赤塔、伊尔库茨克、新西伯利亚市、鄂木斯克市、符拉迪沃斯托克（海参崴）、乌苏里斯克（双城子）、哈巴罗夫斯克（伯力）、共青城、比罗比詹等 15 个市级行政单元。

数据关键词：中蒙俄国际经济走廊、俄罗斯重点城市、经济发展。

数据集时间：2010 年、2015 年、2018 年。

数据集格式：Excel。

数据集类型：属性。

资源负责方：中国科学院地理科学与资源研究所。

通信地址：北京市朝阳区大屯路甲 11 号。

（2）数据集说明

数据集内容说明：该数据集为中蒙俄国际经济走廊考察区俄罗斯重点城市 2010 年、2015 年、2018 年的经济发展数据，含有企业组织数量、GDP、采矿业产值、制造业产值、水电气产值、建筑业产值、人均收入、收入增长率、商贸流通、月平均工资、实际工资增长率、固定资产投资、财政收入字段数据等，字段说明如表 4-21 所示。

表 4-21　俄罗斯重点城市经济发展数据集要素项内容说明

数据文件名称	要素项（字段）	字段中文名称	字段度量单位
俄罗斯重点城市经济发展数据集	企业组织数量（个）	企业组织数量	个
	工业生产总值（百万美元）	GDP	百万美元
	采矿业产值（百万美元）	采矿业产值	百万美元
	制造业产值（百万美元）	制造业产值	百万美元
	水电气产值（百万美元）	水电气产值	百万美元
	建筑业产值（百万美元）	建筑业产值	百万美元
	人均收入（美元）	人均收入	美元
	收入增长率（%）	收入增长率	%
	商贸流通（百万美元）	商贸流通	百万美元
	月平均工资（美元）	月平均工资	美元
	实际工资增长率（%）	实际工资增长率	%
	固定资产投资（百万美元）	固定资产投资	百万美元
	财政收入（百万美元）	财政收入	百万美元

数据加工方法：该数据集基于人工摘录的长时间序列社会发展统计数据，结合考察调研所获取的社会发展资料，由专业人员对外文资料进行翻译，进行数据清洗和查缺补漏。因中蒙俄三国计算标准及量纲不一致，参照国际标准统一数据量纲，并将数据统一

至标准化、规范化的表格形式。

数据质量描述：数据加工生产过程中基于项目制定的属性数据生产规范，由专业翻译人员对外文资料进行翻译，对数据进行严格的清洗和查缺补漏，参照国际标准规范统一量纲，并建立严格的数据审查机制，对数据进行两轮人工核校，将处理后的数据与原始数据进行反复抽查、比对，确保数据的准确性和一致性。数据字段值与原始数据相符，质量可靠。

数据应用成果：面向科学研究和技术服务业，可为社会人文科学有关领域的科学研究工作提供比较全面的社会发展数据，可支撑行业政策制定。

（3）数据集内容

2018 年俄罗斯重点城市经济发展数据集部分指标如表 4-22 所示。

表 4-22　俄罗斯重点城市经济发展数据集部分内容示例（2018 年）

指标项	莫斯科	圣彼得堡	叶卡捷琳堡	喀山
企业组织数量/个	854 131	314 917	94 982	66 119
工业生产总值/百万美元	158 743.04	54 689.95	8 517.54	6 389.94
采矿业产值/百万美元	28 941.17	384.56	14.13	45.67
制造业产值/百万美元	102 618.61	41 854.56	6 522.04	4 679.87
水电气产值/百万美元	12 534.14	3 414.22	1 333.49	994.38
建筑业产值/百万美元	14 649.12	9 036.60	647.88	670.02
人均收入/美元	1 097.79	791.52	651.67	587.82
收入增长率/%	109.60	109.10	106.90	106.20
商贸流通/百万美元	76 775.26	22 598.50	4 497.33	3 516.50
月平均工资/美元	1 340.82	966.74	795.94	717.94
实际工资增长率/%	109.60	109.10	106.90	106.20
固定资产投资/百万美元	39 762.81	13 646.77	2 204.61	2 204.64
财政收入/百万美元	302 188.31	98 072.84	25 859.81	26 743.66

4.2.9　蒙古国重点城市经济发展数据集（2010 年、2015 年、2018 年）

（1）数据集元数据

数据标题：蒙古国重点城市经济发展数据集（2010 年、2015 年、2018 年）。

数据集摘要：2010 年、2015 年、2018 年中蒙俄国际经济走廊蒙古国重点城市经济发展数据包括家畜总量、种畜、牧民家庭数、牧民、播种面积、地方政府总收入、地方政府总支出。

数据空间范围：该数据集收集数据主要为蒙古国重点城市经济数据，如达尔汗、乌兰巴托、赛音山达。

数据关键词：中蒙俄国际经济走廊、蒙古国重点城市、经济发展。

数据集时间：2010 年、2015 年、2018 年。

数据集格式：Excel。

数据集类型：属性。

资源负责方：中国科学院地理科学与资源研究所。

通信地址：北京市朝阳区大屯路甲 11 号。

（2）数据集说明

数据集内容说明：该数据集针对蒙古国重点城市收集了 2010 年、2015 年、2018 年经济发展指标数量数据，包括家畜总量、种畜数量、牧民家庭数、牧民、播种面积、地方政府总收入、地方政府总支出等数据，数据以省级行政单元为主。数据集包含 1 个 Excel 文件，3 个表格，50 条记录，要素项内容如表 4-23 所示。

表 4-23　蒙古国重点城市经济发展数据集要素项内容说明

数据集名称	要素项（字段）	字段中文名称	字段度量单位
蒙古国重点城市经济发展数据集	家畜总量（万头（只））	家畜总量	万头（只）
	种畜（万头（只））	种畜	万头（只）
	牧民家庭数（产）	牧民家庭数	户
	牧民（人）	牧民	人
	播种面积（万公顷）	播种面积	万 hm^2
	地方政府总收入（万美元）	地方政府总收入	万美元
	地方政府总支出（万美元）	地方政府总支出	万美元

数据加工方法：该数据集基于人工摘录的长时间序列社会发展统计数据，结合考察调研所获取的社会发展资料，由专业人员对外文资料进行翻译，进行数据清洗和查缺补漏。因中蒙俄三国计算标准及量纲不一致，参照国际标准统一数据量纲，并将数据统一至标准化、规范化的表格形式。

数据质量描述：数据加工生产过程中基于项目制定的属性数据生产规范，由专业翻译人员进行翻译，对数据进行严格的清洗和查缺补漏，参照国际标准规范统一量纲，并建立严格的数据审查机制，对数据进行两轮人工校核，将处理后的数据与原始数据进行反复抽查、比对，确保数据的准确性和一致性。数据的属性值与原始数据相符，质量可靠。

数据应用成果：面向科学研究和技术服务业，可为社会人文科学有关领域的科学研究工作提供比较全面的社会发展数据，可支撑行业政策制定。

（3）数据集内容

2018 年蒙古国重点城市经济发展数据集部分指标如表 4-24 所示。

表 4-24　蒙古国重点城市经济发展数据集部分内容示例（2018 年）

城市	家畜总量/万头	种畜/万头	牧民家庭数/户	牧民/人	播种面积/万 hm²	地方政府总收入/万美元	地方政府总支出/万美元
达尔汗乌勒	30.60	14.90	1 257	1 846	2.056	2 171.162 935	2 454.494 316
苏赫巴托尔	371.68	163.33	7 770	14 585	0.699	1 783.671 649	1 796.101 576

4.2.10　中国重点城市经济发展数据集（2010 年、2015 年、2018 年）

（1）数据集元数据

数据标题：中国重点城市经济发展数据集（2010 年、2015 年、2018 年）。

数据集摘要：2010 年、2015 年、2018 年中蒙俄国际经济走廊考察区中国重点城市经济发展数据，包括 GDP、GDP 增速、人均 GDP、产业结构等。

数据空间范围：该数据集包括中国黑龙江、吉林、辽宁和内蒙古四省区所辖的地级行政单元，地理上位于 37°24′N～53°33′N，97°12′E～135°05′E。

数据关键词：中俄蒙国际经济走廊、中国重点城市、经济发展。

数据集时间：2010 年、2015 年、2018 年。

数据集格式：Excel。

数据集类型：属性。

资源负责方：中国科学院地理科学与资源研究所。

通信地址：北京市朝阳区大屯路甲 11 号。

（2）数据集说明

数据集内容说明：该数据集依据整理和收集的中蒙俄国际经济走廊中国段所辖黑龙江、吉林、辽宁和内蒙古四省区的地级单元 2010 年、2015 年、2018 年经济社会数据而得，含有 GDP、增长率、人均 GDP 等字段数据，具体要素项如表 4-25 所示。

表 4-25　中国重点城市经济发展数据集要素项内容说明

要素项（字段）	字段中文名称	字段度量单位
GDP（亿元）	GDP	亿元
增长率（%）	增长率	%
人均 GDP（元）	人均 GDP	元

要素项（字段）	字段中文名称	字段度量单位
一产增加值（亿元）	一产增加值	亿元
二产增加值（亿元）	二产增加值	亿元
三产增加值（亿元）	三产增加值	亿元
CPI 上涨（%）	CPI 上涨	%
食品烟酒（%）	食品烟酒	%
衣着（%）	衣着	%
居住（%）	居住	%
生活用品及服务（%）	生活用品及服务	%
交通和通信（%）	交通和通信	%
教育文化和娱乐（%）	教育文化和娱乐	%
医疗保健（%）	医疗保健	%
其他用品和服务（%）	其他用品和服务	%
税收收入（亿元）	税收收入	亿元
一般公共预算收入（亿元）	一般公共预算收入	亿元
一般公共预算支出（亿元）	一般公共预算支出	亿元
粮食作物播种面积（万公顷/万亩）	粮食作物播种面积	万 hm^2/万亩 *
粮食总产量（万吨）	粮食总产量	万 t
猪、牛、羊、禽肉类总产量（万吨）	猪、牛、羊、禽肉类总产量	万 t
农机总动力（万千瓦）	农机总动力	万 kW
全社会固定资产投资（亿元）	全社会固定资产投资	亿元
同比增长（%）	同比增长	%
第二产业投资（亿元）	第二产业投资	亿元
第三产业投资（亿元）	第三产业投资	亿元
房地产开发投资（亿元）	房地产开发投资	亿元
社会消费品零售总额（亿元）	社会消费品零售总额	亿元
同比增长（%）	同比增长	%
城镇消费品零售额（亿元）	城镇消费品零售额	亿元
同比增长（%）	同比增长	%
乡村消费品零售额（亿元）	乡村消费品零售额	亿元
同比增长（%）	同比增长	%

续表

要素项（字段）	字段中文名称	字段度量单位
外贸进出口总额（亿美元）	外贸进出口总额	亿美元
同比增长（%）	同比增长	%
出口总额（万美元）	出口总额	万美元
同比增长（%）	同比增长	%
进口总额（万美元）	进口总额	万美元
同比增长（%）	同比增长	%
实际利用外资（亿美元）	实际利用外资	亿美元
金融机构人民币存款余额（亿元）	金融机构人民币存款余额	亿元

*1 亩 ≈ 666.7m²

数据加工方法：该数据集收集了考察区中国部分城市多年社会发展统计数据，结合考察调研所获取的社会发展资料，进行数据清洗和查缺补漏。因中蒙俄三国计算标准及量纲不一致，参照国际标准，统一数据量纲，并将数据统一至标准化、规范化的表格形式。

数据质量描述：数据加工生产过程中基于项目制定的属性数据生产规范，对数据进行严格的清洗和查缺补漏，参照国际标准规范统一量纲，并建立严格的数据审查机制，对数据进行两轮人工核校，将处理后的数据与原始数据进行反复抽查、比对，确保数据的准确性、完整性和一致性，质量优良可靠。

数据应用成果：面向科学研究和技术服务业，可为社会人文科学有关领域的科学研究工作提供比较全面的社会发展数据，可支撑行业政策制定。

（3）数据集内容

2018 年中国重点城市经济发展数据集部分指标如表 4-26 所示。

表 4-26　中国重点城市经济发展数据集部分指标示例（2018 年）

行政区	GDP/亿元	增长率/%	人均 GDP/元	农机总动力/万 kW	全社会固定资产投资/亿元	同比增长/%
乌兰察布市	913.77	8.10	43 221.00	290.41	658.82	15.55
包头市	3 721.93	8.10	132 253.00	1 276.57	2 582.91	15.32
呼伦贝尔市	1 596.01	8.30	63 131.00	545.88	925.85	14.90
呼和浩特市	3 090.52	7.00	101 492.00	1 353.53	1 604.64	14.80
延边朝鲜族自治州	886.10	6.50	41 390.00	481.30	840.40	15.00
长春市	5 530.00	3.00	73 324.00	2 409.29	4 284.00	12.00
丹东市	984.90	4.20	40 850.00	505.00	583.50	−36.10
大连市	7 731.64	3.35	110 682.00	3 084.30	4 559.30	−32.70

行政区	GDP/亿元	增长率/%	人均 GDP/元	农机总动力/万 kW	全社会固定资产投资/亿元	同比增长/%
沈阳市	7 272.31	7.10	87 734.00	3 883.20	5 326.00	−18.90
哈尔滨市	5 751.20	5.30	59 027.00	3 394.50	4 595.70	10.10
牡丹江市	1 178.60	27.90	44 799.00	501.80	1 020.80	10.50
吉林市	2 455.20	6.40	57 506.10	1 313.23	2 582.70	12.10

4.2.11 中蒙俄国际经济走廊口岸城市经济发展数据集（2010 年、2015 年、2016 年）

（1）数据集元数据

数据标题：中蒙俄国际经济走廊口岸城市经济发展数据集（2010 年、2015 年、2016 年）。

数据集摘要：2010 年、2015 年、2016 年中蒙俄国际经济走廊口岸城市经济发展数据包括进出口货运量、出口货运量、进口货运量。

数据空间范围：该数据集包括中国黑龙江、吉林、辽宁和内蒙古四省区所辖口岸，地理上位于 37°24′N～53°33′N，97°12′E～135°05′E。

数据关键词：中蒙俄国际经济走廊、口岸城市、经济发展。

数据集时间：2010 年、2015 年、2016 年。

数据集格式：Excel。

数据集类型：属性。

资源负责方：中国科学院地理科学与资源研究所。

通信地址：北京市朝阳区大屯路甲 11 号。

（2）数据集说明

数据集内容说明：该数据集依据整理和收集的中蒙俄国际经济走廊中国段黑龙江、吉林、辽宁和内蒙古四省区 2010 年、2015 年、2016 年口岸数据而得，含有进出口货运量、出口货运量、进口货运量等字段数据，具体要素项如表 4-27 所示。

表 4-27 中蒙俄国际经济走廊口岸城市经济发展数据集要素项内容说明

数据集名称	要素项（字段）	字段中文名称	字段度量单位
中蒙俄国际经济走廊口岸城市经济发展数据集	进出口货运量（万吨）	进出口货运量	万 t
	出口货运量（万吨）	出口货运量	万 t
	进口货运量（万吨）	进口货运量	万 t

数据加工方法：该数据集收集了中蒙俄国际经济走廊中国段多年口岸城市经济发展统计数据，结合考察调研所获取的社会经济发展资料，进行数据清洗和查缺补漏，统一数据量纲，并将数据加工成标准化、规范化的表格形式。

数据质量描述：数据加工生产过程中基于项目制定的属性数据生产规范，对数据进行严格的清洗和查缺补漏，参照国际标准规范统一量纲，并建立严格的数据审查机制，对数据进行两轮人工核校，将处理后的数据与原始数据进行反复抽查、比对，确保数据的准确性和一致性，数据质量等同于源数据，数据质量较高。

（3）数据集内容

2016 年中蒙俄国际经济走廊口岸城市经济发展数据集部分指标如表 4-28 所示。

表 4-28　中蒙俄国际经济走廊口岸城市经济发展数据集部分指标示例（2016 年）

（单位：万 t）

口岸名称	口岸类型	进出口货运量	出口货运量	进口货运量
二连浩特	二连浩特公路口岸	204.13	198.62	5.51
	二连浩特铁路口岸	1231.59	132.29	1099.30
	二连浩特陆路口岸合计	1435.72	330.91	1104.81
	二连浩特空运口岸	127.00	45.41	81.59
珠恩嘎达布其	珠恩嘎达布其公路口岸	147.83	124.31	23.52
满洲里	满洲里铁路口岸	1510.30	197.53	1312.77
	满洲里陆路口岸合计	1658.13	321.84	1336.29

4.3　投资环境

4.3.1　中蒙俄国际经济走廊全考察区省级投资环境数据集（2010年、2015 年、2018 年）

（1）数据集元数据

数据集标题：中蒙俄国际经济走廊全考察区省级投资环境数据集（2010 年、2015 年、2018 年）。

数据集摘要：中蒙俄国际经济走廊全考察区省级投资环境数据包含中蒙俄三个国家48 个省级行政单元的 GDP、失业率等 12 个指标项的数据，数据时间为 2010 年、2015 年、2018 年。

数据空间范围：该数据集俄罗斯考察区省级单元包括阿尔泰边疆区、阿穆尔州、彼尔姆边疆区、滨海边疆区、布里亚特共和国、楚瓦什共和国、鄂木斯克州、弗拉基米尔州、哈巴罗夫斯克边疆区、哈卡斯共和国、基洛夫州、克拉斯诺亚尔斯克边疆区、克麦罗沃州、列宁格勒州、马里埃尔共和国、莫尔多瓦共和国、莫斯科、莫斯科州、诺夫哥罗德州、秋明州、萨哈林州、圣彼得堡、斯维尔德洛夫斯克州、特维尔州、图瓦共和国、外贝加尔边疆区、乌德穆尔特共和国、下诺夫哥罗德州、新西伯利亚州、伊尔库茨克州、犹太自治区，蒙古国考察区省级单元包括达尔汗乌勒省、东方省、东戈壁省、鄂尔浑省、戈壁苏姆贝尔省、肯特省、南戈壁省、色楞格省、苏赫巴托尔省、乌兰巴托、中戈壁省、中央省，中国考察区省级单元包括黑龙江、吉林、辽宁和内蒙古四省区。

数据关键词：投资环境、GDP、中蒙俄国际经济走廊。

数据集时间：2010 年、2015 年、2018 年。

数据集格式：Excel。

数据集类型：属性。

资源负责方：中国科学院地理科学与资源研究所。

通信地址：北京市朝阳区大屯路甲 11 号。

（2）数据集说明

数据集内容说明：该数据集依据整理和收集的中蒙俄国际经济走廊中国、蒙古国、俄罗斯省级单元 2010 年、2015 年、2018 年投资环境数据而得，含有 GDP、人均 GDP、GDP 增速、第一产业比例、第二产业比例、第三产业比例、月平均工资、人口总数、男性人口、女性人口、人口自然增长率、失业率的投资环境数据。

本数据集的要素项说明见表 4-29。

表 4-29　中蒙俄国际经济走廊全考察区省级投资环境数据集要素项内容说明

数据集名称	要素项（字段）	字段中文名称	字段度量单位
中蒙俄国际经济走廊全考察区省级投资环境数据集	GDP（百万美元）	GDP	百万美元
	人均 GDP（美元）	人均 GDP	美元
	GDP 增速（%）	GDP 增速	%
	一产比例（%）	第一产业比例	%
	二产比例（%）	第二产业比例	%
	三产比例（%）	第三产业比例	%
	月平均工资（美元）	月平均工资	美元
	人口总数（万人）	人口总数	万人
	男性人口（万人）	男性人口	万人
	女性人口（万人）	女性人口	万人
	人口自然增长率（‰）	人口自然增长率	‰
	失业率（%）	失业率	%

数据加工方法：该数据集收集了中蒙俄多年社会发展统计数据，结合考察调研所获取的社会发展资料，由专业人员对外文资料进行翻译，进行数据清洗和查缺补漏。因中蒙俄三国计算标准及量纲不一致，参照国际标准，统一数据量纲，并将数据统一至标准化、规范化的表格形式。

数据质量描述：数据加工生产过程中基于项目制定的属性数据生产规范，由专业翻译人员进行翻译，对数据进行严格的清洗和查缺补漏，参照国际标准规范统一量纲，并建立严格的数据审查机制，对数据进行两轮人工核校，将处理后的数据与原始数据进行反复抽查、比对，确保数据的准确性和一致性，数据的属性值与原始数据相符，质量可靠。

数据应用成果：面向科学研究和技术服务业，可为社会人文科学有关领域的科学研究工作提供比较全面的社会发展数据，可支撑行业政策制定。

（3）数据集内容

中蒙俄国际经济走廊全考察区省级投资环境数据集（2010 年、2015 年、2018 年）包含 3 个 Excel 表格文件，1728 条数据记录。2018 年中蒙俄国际经济走廊全考察区省级投资环境数据集部分指标如表 4-30 所示。

表 4-30　中蒙俄国际经济走廊全考察区省级投资环境数据集部分指标示例（2018 年）

行政区名称	GDP/百万美元	人均 GDP/美元	GDP 增速/%	第一产业比例/%	第二产业比例/%	第三产业比例/%	月平均工资/美元
阿尔泰边疆区	8 799.6	3 772	2.2	5.0	65.9	26.5	365.26
阿穆尔州	4 817.1	6 073	1.5	11.4	35.8	52.6	494.99
彼尔姆边疆区	21 095.6	8 080	0.8	4.4	59.7	31.9	459.33
滨海边疆区	13 344.4	7 013	1.9	16.8	18.4	65.1	553.90
布里亚特共和国	3 618.2	3 680	4.7	10.8	33.6	58.5	385.30
楚瓦什共和国	4 764.4	3 894	1.9	16.6	38.1	47	295.39
鞑靼斯坦共和国	39 507.5	10 134	2.1	11.4	56.6	31.3	539.60
鄂木斯克州	10 905.9	5 609	−0.1	10.4	26.9	63.6	406.90

4.3.2　中蒙俄国际经济走廊全考察区省级投资环境图集（2010 年、2015 年、2018 年）

（1）数据集元数据

数据集标题：中蒙俄国际经济走廊全考察区省级投资环境图集（2010 年、2015 年、2018 年）。

数据集摘要：中蒙俄国际经济走廊全考察区省级经济发展图集数据包含中蒙俄三个国家 48 个省级行政单元的 GDP、失业率等 12 个指标的数据，数据时间为 2010 年、2015 年、2018 年，将收集整理的社会经济数据空间化制图所得。

数据空间范围：该图集俄罗斯考察区省级单元包括阿尔泰边疆区、阿穆尔州、彼尔姆边疆区、滨海边疆区、布里亚特共和国、楚瓦什共和国、鄂木斯克州、弗拉基米尔州、哈巴罗夫斯克边疆区、哈卡斯共和国、基洛夫州、克拉斯诺亚尔斯克边疆区、克麦罗沃州、列宁格勒州、马里埃尔共和国、莫尔多瓦共和国、莫斯科市、莫斯科州、诺夫哥罗德州、秋明州、萨哈林州、圣彼得堡、斯维尔德洛夫斯克州、特维尔州、图瓦共和国、外贝加尔边疆区、乌德穆尔特共和国、下诺夫哥罗德州、新西伯利亚州、伊尔库茨克州、犹太自治区，蒙古国考察区省级单元包括达尔汗乌勒省、东方省、东戈壁省、鄂尔浑省、戈壁苏姆贝尔省、肯特省、南戈壁省、色楞格省、苏赫巴托尔省、乌兰巴托、中戈壁省、中央省，中国考察区省级单元包括黑龙江、吉林、辽宁和内蒙古四省区。

数据关键词：投资环境、GDP、失业率、图集、中蒙俄国际经济走廊。

数据集时间：2010 年、2015 年、2018 年。

数据集格式：MXD、SHP、PDF。

数据集类型：矢量。

资源负责方：中国科学院地理科学与资源研究所。

通信地址：北京市朝阳区大屯路甲 11 号。

（2）数据集说明

数据集内容说明：该图集依据整理和收集的中蒙俄国际经济走廊中国、蒙古国、俄罗斯省级单元 2010 年、2015 年、2018 年投资环境数据而得，含有 GDP、人均 GDP、GDP 增速、第一产业比例、第二产业比例、第三产业比例、月平均工资、人口总数、男性人口、女性人口、人口自然增长率、失业率的投资环境数据。

本数据集的要素项说明见表 4-31。

表 4-31 中蒙俄国际经济走廊全考察区省级投资环境图集要素项内容说明

数据集名称	要素项（字段）	字段中文名称	字段度量单位
中蒙俄国际经济走廊全考察区省级投资环境图集	GDP（百万美元）	GDP	百万美元
	人均 GDP（美元）	人均 GDP	美元
	GDP 增速（%）	GDP 增速	%
	一产比例（%）	第一产业比例	%
	二产比例（%）	第二产业比例	%
	三产比例（%）	第三产业比例	%
	月平均工资（美元）	月平均工资	美元
	人口总数（万人）	人口总数	万人
	男性人口（万人）	男性人口	万人
	女性人口（万人）	女性人口	万人
	人口自然增长率（‰）	人口自然增长率	‰
	失业率（%）	失业率	%

数据加工方法：该图集收集中蒙俄多年社会发展统计数据，结合考察调研所获取的社会发展资料，由专业人员对外文资料进行翻译，进行数据清洗和查缺补漏。因中蒙俄三国计算标准及量纲不一致，参照国际标准，统一数据量纲，并将数据统一至标准化、规范化的表格形式，后经专业软件将得到的投资环境数据结合中蒙俄国际经济走廊全考察区底图轮廓进行加工处理，形成 MXD、SHP、PDF 格式图集。

数据质量描述：数据加工生产过程中基于项目制定的图集数据生产规范，对数据进行严格的清洗和查缺补漏，将处理后的数据与原始数据进行两轮人工核校与抽查对比，结合底图轮廓进行加工处理过程中建立严格的数据审查机制，确保数据的逻辑一致性，质量可靠。

数据应用成果：面向科学研究和技术服务业，可为社会人文科学有关领域的科学研究工作提供比较全面的社会发展数据，可支撑行业政策制定。

（3）数据集内容

2018 年中蒙俄国际经济走廊全考察区省级投资环境图集示意如图 4-3 所示。

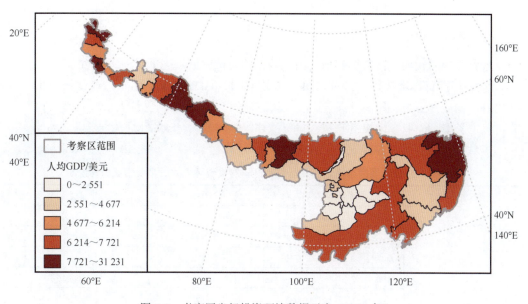

图 4-3　考察区省级投资环境数据示意（2018 年）

4.3.3　中蒙俄国际经济走廊六区重点区省级投资环境数据集（2010 年、2015 年、2018 年）

（1）数据集元数据

数据集标题：中蒙俄国际经济走廊六区重点区省级投资环境数据集（2010 年、2015 年、2018 年）。

数据集摘要：中蒙俄国际经济走廊六区重点区省级投资环境数据，包括中国、蒙古国、俄罗斯六区重点地区的 2010 年、2015 年、2018 年投资环境数据，含有 GDP、人均 GDP、GDP 增速、第一产业比例、第二产业比例、第三产业比例、月平均工资、人口密度、人口总数、男性人口、女性人口、人口自然增长率、失业率、投资政策、投资法律等字段。

数据空间范围：该数据集俄罗斯考察区省级单元包括滨海边疆区、布里亚特共和国、外贝加尔边疆区、哈巴罗夫斯克边疆区、新西伯利亚州、伊尔库茨克州、犹太自治州、阿穆尔州、阿尔泰边疆区，蒙古国考察区省级单元包括东戈壁省、乌兰巴托、中央省、戈壁苏姆贝尔省、肯特省，中国考察区省级单元包括黑龙江省、吉林省、辽宁省、内蒙古自治区。

数据关键词：投资环境、GDP、六区重点区、中蒙俄国际经济走廊。

数据集时间：2010 年、2015 年、2018 年。

数据集格式：Excel。

数据集类型：属性。

资源负责方：中国科学院地理科学与资源研究所。

通信地址：北京市朝阳区大屯路甲 11 号。

（2）数据集说明

数据集内容说明：该数据包括中国、蒙古国、俄罗斯六区重点地区的 2010 年、2015 年、2018 年投资环境数据，含有 GDP、人均 GDP、GDP 增速、第一产业比例、第二产业比例、第三产业比例、月平均工资、人口密度、人口总数、男性人口、女性人口、人口自然增长率、失业率、投资政策、投资法律等字段。

本数据集的要素项内容说明见表 4-29。

表 4-32　中蒙俄国际经济走廊六区重点区省级投资环境数据集要素项内容说明

数据集名称	要素项（字段）	字段中文名称	字段度量单位
中蒙俄国际经济走廊六区重点区省级投资环境数据集	GDP（百万美元）	GDP	百万美元
	人均 GDP（美元）	人均 GDP	美元
	GDP 增速（%）	GDP 增速	%
	一产比例（%）	第一产业比例	%
	二产比例（%）	第二产业比例	%
	三产比例（%）	第三产业比例	%
	月平均工资（美元）	月平均工资	美元
	人口密度（人/平方千米）	人口密度	人/km^2
	人口总数（万人）	人口总数	万人
	男性人口（万人）	男性人口	万人
	女性人口（万人）	女性人口	万人
	人口自然增长率（‰）	人口自然增长率	‰
	失业率（%）	失业率	%
	投资政策	投资政策	—
	投资法律	投资法律	—

数据加工方法：该数据集收集了中蒙俄国际经济走廊六区重点区省级行政单元多年社会发展统计数据，结合考察调研所获取的社会发展资料，由专业人员对外文资料进行翻译，进行数据清洗和查缺补漏。因中蒙俄三国计算标准及量纲不一致，参照国际标准，统一数据量纲，并将数据统一至标准化、规范化的表格形式。

数据质量描述：数据加工生产过程中基于项目制定的属性数据生产规范，由专业翻译人员进行翻译，对数据进行严格的清洗和查缺补漏，参照国际标准规范统一量纲，并建立严格的数据审查机制，对数据进行两轮人工核校，将处理后的数据与原始数据进行反复抽查、比对，确保数据的准确性和一致性，数据的属性值与原始数据相符，质量可靠。

数据应用成果：面向科学研究和技术服务业，可为社会人文科学有关领域的科学研究工作提供比较全面的社会发展数据，可支撑行业政策制定。

（3）数据集内容

中蒙俄国际经济走廊六区重点区省级投资环境数据集（2010年、2015年、2018年）包含3个Excel表格文件，57条数据记录。2018年中蒙俄国际经济走廊六区重点区省级投资环境数据集部分指标如表4-33所示。

表 4-33　中蒙俄国际经济走廊六区重点区省级投资环境数据集部分指标示例（2018年）

指标	单位	滨海边疆区	布里亚特共和国	吉林省	辽宁省	乌兰巴托	中央省
GDP	百万美元	8 799.6	4 817.1	5 229.9	20 036.1	892.9	171.6
人均GDP	美元	3 772	6 073	4 907	7 173	5 584	312
GDP增速	%	2.2	1.5	0.9	3.4	0.4	16.8
第一产业比例	%	5.0	11.4	9.6	9.2	14.8	55.5
第二产业比例	%	65.9	35.8	53.9	27	32	19.2
第三产业比例	%	26.5	52.6	35.4	55.1	56.1	25.3
月平均工资	美元	553.9	385.3	896.9	881.1	877.7	600
人口密度	人/km²	11.552 52	3.761 742	0.841 579	5.359 459	495.918 4	32.401 35
人口总数	万人	190.27	132.15	15.99	79.32	233.28	239.77
男性人口	万人	99.2	69.2	8.4	41.8	125.5	129.0
女性人口	万人	91.0	63.0	7.6	37.5	107.8	110.8
人口自然增长率	‰	−2.9	3.4	0.36	−1	2.55	0.74
失业率	%	5.38	9.23	0.034 6	—	6.9	4.4
投资政策	—	42.6	48.4	29.7	38.6	10.5	10.5
投资法律	—	38.2	44	29.9	39.2	12.2	12.2

4.3.4 中蒙俄国际经济走廊重点城市投资环境数据集（2010 年、2015 年、2018 年）

（1）数据集元数据

数据集标题：中蒙俄国际经济走廊重点城市投资环境数据集（2010 年、2015 年、2018 年）。

数据集摘要：中蒙俄国际经济走廊重点城市投资环境数据包含中国、蒙古国、俄罗斯重点城市的 2010 年、2015 年、2018 年投资环境数据，含有总人口、财政收入、投资经济环境评价、投资社会环境评价、投资政策环境评价等字段。

数据空间范围：该数据集俄罗斯重点城市包括莫斯科、圣彼得堡、叶卡捷琳堡、喀山、秋明、乌兰乌德、赤塔、伊尔库茨克、新西伯利亚、鄂木斯克、符拉迪沃斯托克（海参崴）、乌苏里斯克（双城子）、哈巴罗夫斯克（伯力）、共青城、布拉戈维申斯克（海兰泡）、比罗比詹，蒙古国重点城市包括达尔汗和乌兰巴托，中国重点城市包括乌兰察布市、乌海市、兴安盟、包头市、呼伦贝尔市、呼和浩特市、巴彦淖尔市、赤峰市、通辽市、鄂尔多斯市、锡林郭勒盟、阿拉善盟、吉林市、四平市、延边朝鲜族自治州、松原市、白城市、白山市、辽源市、通化市、长春市、丹东市、大连市、抚顺市、朝阳市、本溪市、沈阳市、盘锦市、营口市、葫芦岛市、辽阳市、铁岭市、锦州市、阜新市、鞍山市、七台河市、伊春市、佳木斯市、双鸭山市、哈尔滨市、大庆市、牡丹江市、绥化市、鸡西市、鹤岗市、黑河市、齐齐哈尔市等。

数据关键词：投资环境、GDP、中蒙俄国际经济走廊。

数据集时间：2010 年、2015 年、2018 年。

数据集格式：Excel。

数据集类型：属性。

资源负责方：中国科学院地理科学与资源研究所。

通信地址：北京市朝阳区大屯路甲 11 号。

（2）数据集说明

数据集内容说明：该数据集包含中国、蒙古国、俄罗斯重点城市的 2010 年、2015 年、2018 年投资环境数据，含有总人口、财政收入、投资经济环境评价、投资社会环境评价、投资政策环境评价等字段。

本数据集的要素项内容说明见表 4-34。

表 4-34　中蒙俄国际经济走廊重点城市投资环境数据集要素项内容说明

数据集名称	字段中文名称	字段中文名称	字段度量单位
中蒙俄国际经济走廊重点城市投资环境数据集	总人口（万人）	总人口	万人
	财政收入（百万美元）	财政收入	百万美元

数据集名称	字段中文名称	字段中文名称	字段度量单位
中蒙俄国际经济走廊重点城市投资环境数据集	投资经济环境评价	投资经济环境评价	—
	投资社会环境评价	投资社会环境评价	—
	投资政策环境评价	投资政策环境评价	—
	投资法律	投资法律	—

数据加工方法：该数据集收集了中蒙俄国际经济走廊重点城市多年社会发展统计数据，结合考察调研所获取的社会发展资料，由专业人员对外文资料进行翻译，进行数据清洗和查缺补漏。因中蒙俄三国计算标准及量纲不一致，参照国际标准，统一数据量纲，并将数据统一至标准化、规范化的表格形式。

数据质量描述：数据加工生产过程中基于项目制定的属性数据生产规范，由专业翻译人员进行翻译，对数据进行严格的清洗和查缺补漏，参照国际标准规范统一量纲，并建立严格的数据审查机制，对数据进行两轮人工核校，将处理后的数据与原始数据进行反复抽查、比对，确保数据的准确性和一致性。数据的属性值与原始数据相符，质量可靠。

数据应用成果：面向科学研究和技术服务业，可为社会人文科学有关领域的科学研究工作提供比较全面的社会发展数据，可支撑行业政策制定。

（3）数据集内容

中蒙俄国际经济走廊重点城市投资环境数据集（2010 年、2015 年、2018 年）包含 3 个 Excel 表格文件，60 条数据记录。2018 年中蒙俄国际经济走廊重点城市投资环境数据集部分指标如表 4-35 所示。

表 4-35　中蒙俄国际经济走廊重点城市投资环境数据集部分指标示例（2018 年）

重点城市	总人口/万人	财政收入/百万美元	投资经济环境评价	投资社会环境评价	投资政策环境评价	投资法律
达尔汗	10.42	2 454.49	8.22	16.67	2.58	1
乌兰巴托	144.47	43 502.61	14.02	24	8.163	1
莫斯科	1 261.53	302 188.31	16.67	19.4	8.726	0.474
圣彼得堡	538.39	98 072.84	15.28	23.6	4.009	0.134
包头市	282.93	—	—	—	1.50	1.50
呼伦贝尔市	252.65	—	—	—	3.00	3.00

第 5 章　　　　　遥感影像数据

5.1　地表辐射数据

5.1.1　中蒙俄国际经济走廊 0.05° 地表反照率数据集（2000～2015 年）

（1）数据集元数据

数据集标题：中蒙俄国际经济走廊 0.05° 地表反照率数据集（2000～2015 年）。

数据集摘要：该数据为中蒙俄国际经济走廊区域的地表反照率数据，包含短波、可见光和近红外三个波段的黑空反照率、白空反照率和晴空反照率 9 个数据集，数据时间为 2000～2015 年，空间分辨率为 0.05°，时间分辨率为 8 天。

数据集空间范围：中蒙俄国际经济走廊全考察区。

数据关键词：中蒙俄、地表反照率、遥感数据。

数据集时间：2000～2015 年。

数据集格式：TIFF。

数据集类型：栅格。

资源负责方：中国科学院地理科学与资源研究所。

通信地址：北京市朝阳区大屯路甲 11 号。

（2）数据集说明

数据集内容说明：中蒙俄国际经济走廊 0.05° 地表反照率数据集（2000～2015 年）包含 8 天合成的地表反照率。

数据加工方法：基于 MODIS 数据和 AVHRR 数据利用 AB（Angular Bin）算法开发参数产品，由多波段地表方向反射率数据通过简单的线性回归估算得到日地表反照率，通过时空滤波算法（Statistics-based Temporal Filtering，STF）检测和去除异常值并填充缺失值。

数据质量描述：该数据取值范围 0～10 000，利用地面实测数据和 MODIS 的地表反照率数据 MOD43 对数据进行了对比验证，结果显示晴空条件下，均方根误差小于 0.05，数据与 MCD43 具有很好的一致性。

数据应用成果：该产品具有长时间序列、高分辨率、高精度的特征，可为研究全球环境变化提供可靠的依据，能够广泛应用于大气、植被覆盖、水体等方面的动态监测，并可与气温、降水等气候变化表征参数结合，应用于全球变化分析。

（3）数据集内容

中蒙俄国际经济走廊区域的地表反照率数据包含短波、可见光和近红外三个波段的黑空反照率、白空反照率和晴空反照率 9 个数据集。2000～2015 年地表反照率数据按时间逐年设置文件夹，每个年份文件夹中的数据实体文件以"日期+数据名称"命名，日期表示方式为 YYYYDDD，YYYY 表示年，DDD 表示儒略日。2000 年中蒙俄国际经济走廊地表反照率数据集示意如图 5-1 所示。

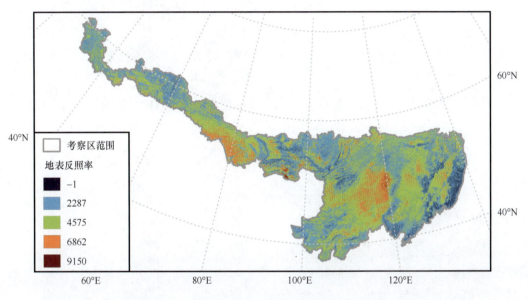

图 5-1　考察区地表反照率数据示意（2000 年）

5.1.2　中蒙俄国际经济走廊 0.05° 地表发射率数据集（2015 年）

（1）数据集元数据

数据集标题：中蒙俄国际经济走廊 0.05° 地表发射率数据集（2015 年）。

数据集摘要：该数据为中蒙俄国际经济走廊区域 0.05° 8 天合成的地表发射率（Broadband Emissivity，BBE）数据，时间为 2015 年。数据为 TIFF 格式，空间分辨率 0.05°，时间分辨率为 8 天，数据合计 46 个波段，波段名称为日期。

数据集空间范围：中蒙俄国际经济走廊全考察区。

数据关键词：中蒙俄、地表发射率、8 天。

数据集时间：2015 年。

数据集格式：TIFF。

数据集类型：栅格。

资源负责方：中国科学院地理科学与资源研究所。

通信地址：北京市朝阳区大屯路甲 11 号。

（2）数据集说明

数据集内容说明：中蒙俄国际经济走廊 0.05° 地表发射率数据集（2015 年）包含一个 BBE2015.tif 文件，内含 46 个波段，以日期命名。

数据加工方法：兼顾算法计算效率和物理基础，将全球陆表划分成裸土、过渡区域、植被覆盖、水体、冰/雪。分别给出每种地表类型的宽波段发射率反演方法。其中，水体和冰/雪主要根据输入数据及预处理数据的标识确定，而裸土、过渡区域、植被覆盖利用反演算法反演宽波段发射率，通过宽波段发射率与时空匹配的 AVHRR 第一、第二波段反射率的非线性关系，实现基于 AVHRR 数据的宽波段发射率反演。

数据质量描述：原始资料数据来源于全球公开发布的 AVHRR 数据，数据已被广泛使用，反演后的发射率产品数据精度是 0.05°，经专人质量检查，数据质量可靠。

数据应用成果：可应用于全球生态环境演变规律和水土资源持续利用、生态环境监测等。

（3）数据集内容

中蒙俄国际经济走廊 0.05° 地表发射率数据集（2015 年）中包含一个 BBE2015.tif 文件，内含 46 个波段，为 8 天合成的地表发射率。2015 年中蒙俄国际经济走廊地表发射率数据集示意如图 5-2 所示。

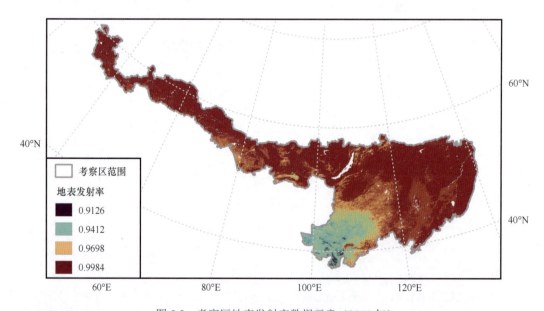

图 5-2 考察区地表发射率数据示意（2015 年）

5.1.3　中蒙俄国际经济走廊 0.05° 光合有效辐射吸收系数 数据集（2015 年）

（1）数据集元数据

数据集标题：中蒙俄国际经济走廊 0.05° 光合有效辐射吸收系数数据集（2015 年）。

数据集摘要：该数据为中蒙俄国际经济走廊区域的 0.05° 光合有效辐射吸收系数（Fraction of Absorbed Photosynthetically Active Radiation，FAPAR）数据，时间为 2015 年。数据为 TIFF 格式，空间分辨率为 0.05°，时间分辨率为 1 年，数据合计 1 个波段，波段名称为年份，数据量 1.51GB。

数据集空间范围：中蒙俄国际经济走廊全区域。

数据关键词：中蒙俄、光合有效辐射吸收系数、NOAA。

数据集时间：2015 年。

数据集格式：TIFF。

数据集类型：栅格。

资源负责方：中国科学院地理科学与资源研究所。

通信地址：北京市朝阳区大屯路甲 11 号。

（2）数据集说明

数据集内容说明：中蒙俄国际经济走廊 0.05° 光合有效辐射吸收系数数据（2015 年）包含一个 TIFF 文件，内含 1 个波段，为年最大值合成的中蒙俄国际经济走廊区域 0.05° 光合有效辐射吸收系数数据。

数据加工方法：首先，基于非线性光谱混合模型（Non-linear Spectral Mixture model，NSM），利用 MODIS 可见光波段反照率产品（MCD43A3）、叶面积指数产品（MCD15A2H）及聚集指数（CI）产品反演无雪像元的土壤反照率；其次，基于能量平衡（EBR）原理，利用 MCD43A3、MCD15A2H、CI 产品及上述土壤反照率产品反演黑白空 FAPAR；最后，利用 R 语言最大值合成算法计算出中蒙俄国际经济走廊区域的 FAPAR 数据。

数据质量描述：原始的遥感反照率产品 MCD43A3 相对偏差约为 10%，聚集指数 CI 产品 RMSE 为 0.07，R^2 为 0.80（主算法）；加工后数据精度经 VALERI 实测站点验证，生产的全球冠层黑空及白空 FAPAR 产品偏差低于 10%（黑空条件下偏差为–2.8%，白空条件偏差为 9.5%）。经 R 语言最大值合成，数据裁剪，波段合成，输出 TIFF，加工后精度保持不变。经专人质量检查，数据质量可靠。

数据应用成果：FAPAR 是反映植被生长过程的重要生理参数，是陆地生态系统模型的关键参数，是反映全球气候变化的重要因子，表示植被冠层能量的吸收能力，是描述植被结构及与之相关的物质与能量交换过程的基本生理变量。该数据可为科学研究者提供黑空及白空 FAPAR 数据产品，服务于植被生产力评估及全球变化研究。

（3）数据集内容

数据集内容如图 5-3 所示，包含一个 FAPAR2015max.tif 文件，内含 1 个波段，为中蒙俄国际经济走廊区域 0.05° 光合有效辐射吸收系数年最大值合成数据。

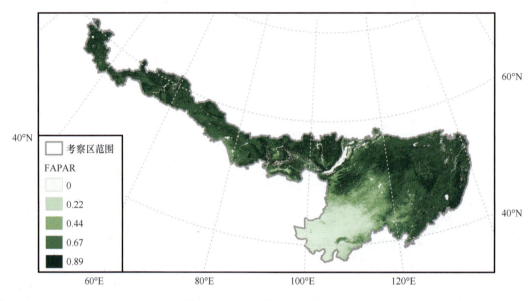

图 5-3　考察区光合有效辐射吸收系数数据示意（2015 年）

5.1.4　中蒙俄国际经济走廊 0.05° 月均地表温度数据集（2005 年、2010 年、2015 年）

（1）数据集元数据

数据集标题：中蒙俄国际经济走廊 0.05° 月均地表温度数据集（2005 年、2010 年、2015 年）。

数据集摘要：该数据为中蒙俄国际经济走廊区域的 0.05° 月均地表温度数据，数据时间为 2005 年、2010 年、2015 年。数据为 TIFF 格式，空间分辨率为 0.05°，时间分辨率为月。

数据集空间范围：中蒙俄国际经济走廊全考察区。

数据关键词：中蒙俄、月均、地表温度。

数据集时间：2005 年、2010 年、2015 年。

数据集格式：TIFF。

数据集类型：栅格。

资源负责方：中国科学院地理科学与资源研究所。

通信地址：北京市朝阳区大屯路甲 11 号。

（2）数据集说明

数据集内容说明：中蒙俄国际经济走廊 0.05° 月均地表温度数据包含 2005 年、2010 年、2015 年三年的月均地表温度数据。

数据加工方法：对原始数据进行异常值校正，利用劈窗算法进行温度反演，并在此种算法的基础之上加入了经验拟合的修正，最后加工形成中蒙俄国际经济走廊 2005 年、2010 年、2015 年的月均地表温度数据，单位为开尔文（K）。

数据质量描述：将原始数据利用劈窗算法进行反演并拟合修正，生成单位为 K 的地表温度数据，再利用中蒙俄国际经济走廊矢量范围重新裁剪加工形成中蒙俄国际经济走廊 2005 年、2010 年、2015 年的月均地表温度数据，确保数据质量真实可靠。

数据应用成果：可为研究全球环境变化提供可靠的地表温度数据，为评估地表能量平衡、水文平衡、热惯量和土壤湿度等研究提供支撑数据，同时能够与降水、蒸散发、净辐射等气候变化参数结合起来，应用于全球变化影响分析。

（3）数据集内容

中蒙俄国际经济走廊 0.05° 月均地表温度数据中分别为 2005 年、2010 年、2015 年的月均地表温度数据，每个文件夹中有 12 个 TIFF 文件，为 1～12 月的月均地表温度。其中，2015 年 3 月中蒙俄国际经济走廊月均地表温度数据示意如图 5-4 所示。

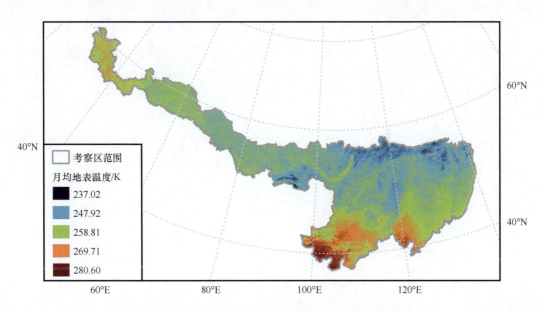

图 5-4　考察区月均地表温度数据示意（2015 年 3 月）

5.2　植被指数数据

5.2.1　中蒙俄国际经济走廊 0.05° 叶面积指数数据集（2000～2015 年）

（1）数据集元数据

数据集标题：中蒙俄国际经济走廊 0.05° 叶面积指数数据集（2000～2015 年）。

数据集摘要：该数据为中蒙俄国际经济走廊区域的叶面积指数（LAI）数据，时间为 2000～2015 年，空间分辨率为 0.05°，8 天合成产品，TIFF 格式。

数据集空间范围：中蒙俄国际经济走廊全考察区。

数据关键词：中蒙俄、8 天、叶面积指数。

数据集时间：2000～2015 年。

数据集格式：TIFF。

数据集类型：栅格。

资源负责方：中国科学院地理科学与资源研究所。

通信地址：北京市朝阳区大屯路甲 11 号。

（2）数据集说明

数据集内容说明：中蒙俄国际经济走廊 0.05° 叶面积指数数据集（2000～2015 年）包含 2000～2015 年逐年的 8 天合成叶面积指数产品，数据格式为 TIFF。

数据加工方法：利用 MODIS 和 VEGETATION 等传感数据的 LAI 产品进行融合，利用 LAI 产品的融合结果和预处理后的 MODIS/AVHRR 地表反射率数据，构建样本数据集训练广义回归神经网络（GRNN），将预处理后的时间序列的 MODIS/AVHRR 地表反射率作为输入数据，利用训练好的 GRNN 网络反演 2000～2015 年的 LAI 产品。将 500m 的 LAI 产品聚合为 0.05°。

数据质量描述：加工后的数据与地面实测数据的相关性 R^2 为 0.64，均方根误差 RMSE 为 0.92。加工后的数据与原始数据具有较好的一致性，经专人检查质量良好。

数据应用成果：该产品具有长时间序列、高分辨率、高精度的特征，可为研究全球环境变化提供可靠的依据，能够广泛应用于大气、植被覆盖、水体等方面的动态监测，并与气温、降水等气候变化表征参数结合起来，应用于全球变化分析；可为全球生态环境演变规律、生态环境监测、资源开发和社会经济可持续发展研究提供很好的科学依据、技术和数据支持。

（3）数据集内容

中蒙俄国际经济走廊 0.05° 叶面积指数数据包含 2000～2015 年每年的 8 日合成叶面积指数数据产品。其中，2000 年中蒙俄国际经济走廊叶面积指数数据示意如图 5-5 所示。

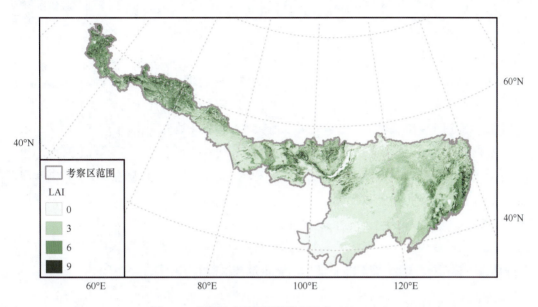

图 5-5　考察区叶面积指数数据示意（2000 年）

5.2.2　中蒙俄国际经济走廊 8km NDVI 数据集（1981～2015 年）

（1）数据集元数据

数据集标题：中蒙俄国际经济走廊 8km NDVI 数据集（1981～2015 年）。

数据集摘要：该数据为中蒙俄国际经济走廊区域的 NDVI 数据，数据时间为 1981～2015 年。空间分辨率约为 8km，时间分辨率为半月。归一化植被指数（NDVI）能够表征陆面植被覆盖和植被生长状况，是植被宏观监测的重要指标。该数据可为全球生态环境演变规律、生态环境监测、资源开发提供良好的科学依据、技术和数据支持。

数据集空间范围：中蒙俄国际经济走廊全考察区。

数据关键词：中蒙俄、植被指数、NDVI、长时间序列。

数据集时间：1981～2015 年。

数据集格式：ENVI DAT。

数据集类型：栅格。

资源负责方：中国科学院地理科学与资源研究所。

通信地址：北京市朝阳区大屯路甲 11 号。

（2）数据集说明

数据集内容说明：1981～2015 年中蒙俄国际经济走廊区域的 NDVI 数据为栅格数据，828 个波段，波段名称为时间，例如，波段 2015-01-01 表示 2015 年 1 月 1 日。

数据加工方法：收集 GIMMS NDVI3g 数据，该数据空间覆盖全球，空间分辨率约为 8km，时间分辨率为 15 天。数据处理步骤如下：①数据格式转换，将原始 NetCDF 数据格式转换为容易读取的 TIFF 格式；②数据质量控制，利用质量控制字段，将无效值剔除；③空缺值填充，对存在的无效观测值和空缺值，利用历史数值（climatology）进行填充，生成空间完整的 NDVI 数据产品，便于实际应用；④研究区裁剪，利用中蒙俄国际经济走廊空间 SHP 文件，生成满足要求的长时序 NDVI 数据文件。

数据质量描述：数据质量控制，利用 GIMMS 质量控制字段，将无效值剔除；对存在的无效观测值和空缺值，利用历史数值进行填充，生成空间完整的 NDVI 数据产品，便于实际应用；利用中蒙俄国际经济走廊范围矢量文件，裁剪得到满足要求的长时序 NDVI 数据文件。数据加工后精度和原始数据保持不变，经专人检查质量良好。

数据应用成果：面向科学研究和技术服务业，主要用于地理学和环境与生态监测，可为从事生态研究或者地理研究的工作者提供地表植被的基础数据。

（3）数据集内容

中蒙俄国际经济走廊 8km NDVI 数据集（1981～2015 年）为 ENVI 格式，由一个 dat 文件和一个 hdr 文件组成，828 个波段，波段名称为时间，每个波段为 15 天合成 NDVI。其中，1981 年 7 月 1～15 日中蒙俄国际经济走廊 8km NDVI 数据如图 5-6 所示。

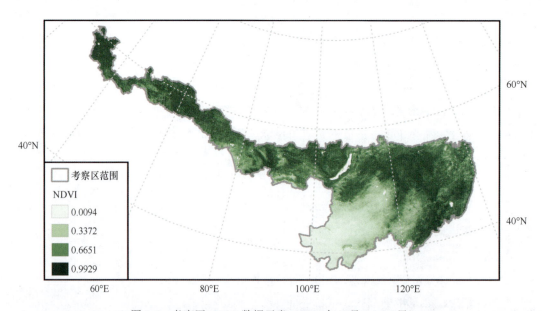

图 5-6　考察区 NDVI 数据示意（1981 年 7 月 1～15 日）

5.2.3　中蒙俄国际经济走廊 1km 生长季 NDVI 数据集（2001～2020 年）

（1）数据集元数据

数据集标题：中蒙俄国际经济走廊 1km 生长季 NDVI 数据集（2001～2020 年）。

数据集摘要：该数据为中蒙俄国际经济走廊区域的生长期 NDVI 数据，数据时间为 2001～2020 年。空间分辨率约为 1km，时间分辨率为一年。

数据集空间范围：中蒙俄国际经济走廊全考察区。

数据关键词：中蒙俄、植被指数、NDVI、生长季。

数据集时间：2001～2020 年。

数据集格式：TIFF。

数据集类型：栅格。

资源负责方：中国科学院地理科学与资源研究所。

通信地址：北京市朝阳区大屯路甲 11 号。

（2）数据集说明

数据集内容说明：中蒙俄国际经济走廊 1km 生长季 NDVI 数据（2001～2020 年）为栅格数据，20 个波段，波段名称为时间，例如，波段 Band01 表示 2001 年生长季 NDVI 均值。

数据加工方法：收集 MOD13A2 NDVI 数据，该数据空间覆盖全球，空间分辨率约为 1km，时间分辨率为 16 天。数据处理步骤如下：①数据格式转换，将原始 HDF 数据格式转换为容易读取的 TIFF 格式；②数据质量控制，利用质量控制字段，将无效值剔除；③月度最大值合成后，进行年度生长季均值合成，生成空间完整的 NDVI 数据产品，便于实际应用；④利用中蒙俄国际经济走廊空间范围文件裁剪合成好的 NDVI 数据，生成满足要求的长时序 NDVI 数据文件。

数据质量描述：数据质量控制，利用 MOD13A2 NDVI 质量控制字段，将无效值剔除；月度最大值合成后，进行年度生长季均值合成，生成空间完整的 NDVI 数据产品，便于实际应用；利用中蒙俄国际经济走廊范围矢量文件，裁剪得到满足要求的长时序 NDVI 数据文件。数据加工后精度和原始数据保持不变，经专人检查质量良好。

数据应用成果：面向科学研究和技术服务业，主要用于地理学和环境与生态监测、驱动生态系统模型研究碳水循环等，可为生态研究或者地理研究的工作者提供地表植被的基础数据。

（3）数据集内容

中蒙俄国际经济走廊 1km 生长季 NDVI 数据（2001～2020 年）为 TIFF 格式，由一个 tif 文件组成，包含 20 个波段，波段名称为年份，每个波段代表月最大值年生长季均值合成 NDVI。2018 年中蒙俄国际经济走廊 1km 生长季 NDVI 数据如图 5-7 所示。

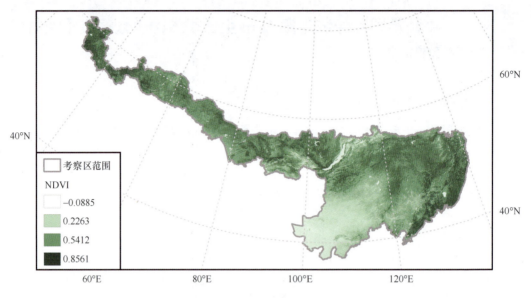

图 5-7　考察区生长季 NDVI 数据示意（2018 年）

5.2.4　蒙古高原 0.25° 逐月 NDVI 数据集（1948～2014 年）

（1）数据集元数据

数据集标题：蒙古高原 0.25° 逐月 NDVI 数据集（1948～2014 年）。

数据集摘要：该数据为蒙古高原 0.25° 逐月 NDVI 数据，数据时间为 1948～2014 年。空间分辨率约为 0.25°，时间分辨率为月。因 20 世纪 80 年代之前连续性植被指数数据缺失，全球气候变化背景下蒙古高原长时间尺度植被变化研究相对薄弱，对于历史植被指数的重构和补全是开展相关研究的基础。机器学习是当前大数据时代数值模拟和时序分析的重要工具，但在历史植被指数重构相关研究中鲜有应用尝试。开展蒙古高原历史植被指数重构并深入研究植被时空演替规律，对揭示全球变化影响下的区域生态系统响应特征和演变过程及驱动因子分析、区域生态环境质量评价具有重要意义。

数据集空间范围：蒙古高原。

数据关键词：蒙古高原、植被指数、NDVI、长时间序列。

数据集时间：1948～2014 年。

数据集格式：TIFF。

数据集类型：栅格。

资源负责方：中国科学院地理科学与资源研究所。

通信地址：北京市朝阳区大屯路甲 11 号。

（2）数据集说明

数据集内容说明：蒙古高原 0.25° 逐月 NDVI 数据为栅格数据，是蒙古高原 1948～2014 年 0.25° 逐月 NDVI 数据产品。数据空间范围覆盖了蒙古国全境、中国内蒙古自治区、俄罗斯图瓦共和国、布里亚特共和国、后贝加尔边疆区和伊尔库茨克州部分地区，经度范围 85.75°E～129°E，纬度范围 36°N～59.75°N，覆盖面积约 382 万 km²。

数据加工方法：依托极限梯度提升（eXtreme Gradient Boosting，XGBoost）机器学习算法，以 24 年 GIMMS3g NDVI 为训练样本数据集，借助全球陆面数据同化系统（GLDAS-2 CLSM）再分析数据的气象、土壤水、蒸散发、辐射和热量因子等 14 个时序变量，以及地形、土壤组分和生态区划等地理环境相关的 6 个稳态参量，重构生成气候变化数据驱动下的蒙古高原 1948～2014 年 0.25° 逐月 NDVI 数据产品。

数据质量描述：基于多种验证数据集的精度评估表明，蒙古高原 NDVI 重构结果具有较高的准确度和一致性。蒙古高原 NDVI 重构结果与 1982～2014 年未参与训练的 GIMMS3g NDVI 数据集在时间序列上的拟合优度最高可达 0.9404，两者相关系数高于 0.8 的区域达到蒙古高原总面积的 74%。通过与 1972～1981 年蒙古高原 Landsat 1-3 MSS NDVI 数据集比较，在植被覆盖率较高的季节拟合优度最高可达 0.82；与 1948～2014 年蒙古高原标准化降水蒸散指数和海洋 Niño 指数（ONI）之间的时间序列变化一致性对比分析表明，蒙古高原 NDVI 重构数据在时间序列上具有较好的稳定性，一定程度上可真实反映蒙古高原历史植被变化信息。

数据应用成果：该数据具有长时间序列的特征，可用于地理学和环境与生态监测、驱动生态系统模型研究碳水循环等，为生态研究或者地理研究的工作者提供地表植被的基础数据；可为全球生态环境演变规律、生态环境监测、资源开发和社会经济可持续发展研究提供很好的科学依据、技术和数据支持。

（3）数据集内容

2014 年 7 月蒙古高原 NDVI 数据如图 5-8 所示。

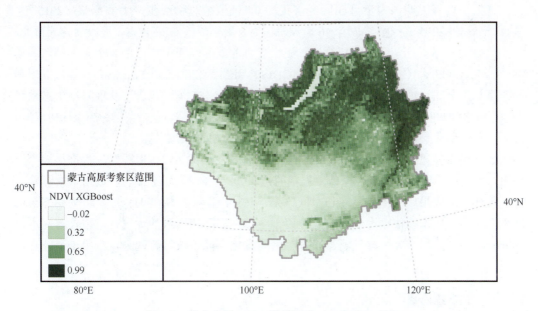

图 5-8 蒙古高原 NDVI 数据示意（2014 年 7 月）

5.3　植被生产力数据

5.3.1　中蒙俄国际经济走廊 0.05° 植被总初级生产力数据集（2015 年）

（1）数据集元数据

数据集标题：中蒙俄国际经济走廊 0.05° 植被总初级生产力数据集（2015 年）。

数据集摘要：该数据为中蒙俄国际经济走廊区域的 0.05° 8 天合成的植被总初级生产力（Gross Primary Production, GPP）数据，时间为 2015 年。数据为 TIFF 格式，空间分辨率为 0.05°，时间分辨率为 8 天，数据合计 46 个波段，波段名称为日期，单位为 $gC/(m^2 \cdot d)$。

数据集空间范围：中蒙俄国际经济走廊全考察区。

数据关键词：中蒙俄、植被总初级生产力、GPP、8 天。

数据集时间：2015 年。

数据集格式：TIFF。

数据集类型：栅格。

资源负责方：中国科学院地理科学与资源研究所。

通信地址：北京市朝阳区大屯路甲 11 号。

（2）数据集说明

数据集内容说明：中蒙俄国际经济走廊 0.05° 植被总初级生产力数据集（2015 年）包含一个 GPP2015.tif 文件，内含 46 个波段，为 8 天合成的 GPP 数据，波段名称为日期。

数据加工方法：采用贝叶斯算法，集合了目前国际上应用广泛的 8 个光能利用率模型（CASA、CFix、CFlux、EC-LUE、MODIS、VPM、VPRM 和 Two-leaf）。算法发展和验证是基于全球涡动相关通量站点数据，站点数目为 155 个，包含了 9 种陆地生态系统类型，即常绿阔叶林、常绿针叶林、落叶阔叶林、针阔混交林、温带草地、热带稀树草原、灌木、农田和苔原。算法发展过程中同时需要使用遥感和气象数据。

数据质量描述：原始资料数据来源于全球公开发布的 AVHRR 数据，数据已被广泛使用，反演后的植被总初级生产力数据精度是 0.05°，经专人质量检查，数据质量可靠。

数据应用成果：该产品具有长时间序列、高分辨率、高精度的特征，可为研究全球环境变化提供可靠的依据，能够广泛应用于全球、洲际和区域的大气、植被覆盖、水体等方面的动态监测，并可与气温、降水等气候变化表征参数结合起来，应用于全球变化分析。

（3）数据集内容

中蒙俄国际经济走廊 0.05° 植被总初级生产力数据集（2015 年）为 TIFF 格式，包含一个名为 GPP2015.tif 的文件，内含 46 个波段，以日期命名波段名称，为 8 天合成的植被总初级生产力。其中，2015 年 9 月 30～10 月 7 日中蒙俄国际经济走廊 0.05° 植被总初级生产力数据如图 5-9 所示。

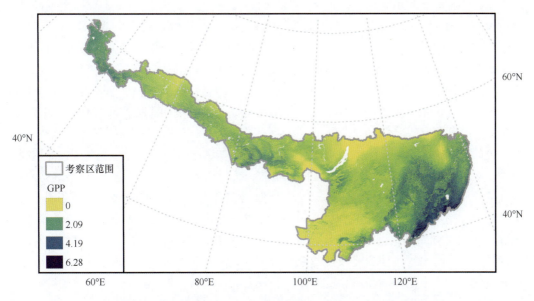

图 5-9　考察区植被总初级生产力数据示意（2015 年 9 月 30 日～10 月 7 日）

5.3.2　中蒙俄国际经济走廊 0.5° 净初级生产力数据集（2000～2015 年）

（1）数据集元数据

数据集标题：中蒙俄国际经济走廊 0.5° 净初级生产力数据集（2000～2015 年）。

数据集摘要：该数据为中蒙俄国际经济走廊区域的净初级生产力（NPP）数据，数据时间为 2000～2015 年。空间分辨率为 0.5°，时间分辨率为年。

数据集空间范围：中蒙俄国际经济走廊全考察区。

数据关键词：中蒙俄、净初级生产力、遥感产品。

数据集时间：2000～2015 年。

数据集格式：TIFF。

数据集类型：栅格。

资源负责方：中国科学院地理科学与资源研究所。

通信地址：北京市朝阳区大屯路甲 11 号。

（2）数据集说明

数据集内容说明：中蒙俄国际经济走廊 0.5° 净初级生产力数据集（2000～2015 年）

包含 16 个 tiff 文件，分别为 2000～2015 年中蒙俄国际经济走廊区域 NPP 产品。

数据加工方法：该数据为 IBIS（Input/Output Buffer Information Specification）模型模拟数据。IBIS 模型以植被和地表的辐射变化为温度与湿度的驱动力，模型的主要控制量为光合作用与呼吸作用；光合作用模拟以 Farquhar 的叶片尺度瞬时光合模型为基础；呼吸模型计算了叶片、茎干、细根等的呼吸作用。IBIS 模型输入条件主要有大气温度、相对湿度、云量、降水和风速等气象变量，以及植被覆盖、土壤质地、地形等。输出内容包括总初级生产力（GPP）、净初级生产力（NPP）、净生态系统碳交换（NEE）、感热通量和潜热通量、蒸散发和蒸腾作用，以及碳氮在植被、凋落物和土壤有机质中的分配分布情况等。模型中所需的参数主要有土壤质地、土壤有机质含量、凋落物量、田间持水量和持续萎蔫点等。

数据质量描述：收集 CRU 气象数据，使用 IBIS 模型模拟，输入大气温度、相对湿度、云量、降水和风速等气象变量，以及植被覆盖、土壤质地、地形等，输出 NPP 数据。加工后精度和原始资料精度保持不变，均为 0.5°。数据集经专人质量检查，质量可靠。

数据应用成果：该数据具有长时间序列、高分辨率、高精度的特征，可为研究全球环境变化提供可靠的依据，能够广泛应用于大气、植被覆盖、水体等方面的动态监测，并可与气温、降水等气候变化表征参数结合起来，应用于全球变化分析；可为全球生态环境演变规律、生态环境监测、资源开发和社会经济可持续发展研究提供良好的科学依据、技术和数据支持。

（3）数据集内容

中蒙俄国际经济走廊 0.5° 净初级生产力数据（2000～2015 年）中包含 16 个 TIFF 文件，为 2000～2015 年的逐年净初级生产力。其中，2000 年中蒙俄国际经济走廊净初级生产力数据如图 5-10 所示。

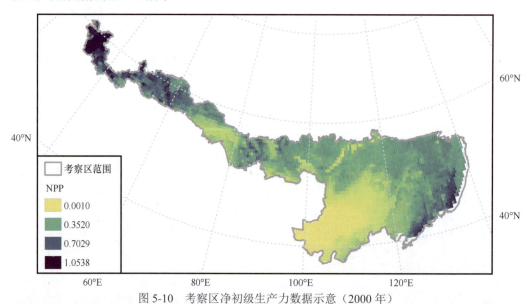

图 5-10　考察区净初级生产力数据示意（2000 年）

5.4　夜间灯光数据

5.4.1　中蒙俄国际经济走廊1km年均夜间灯光数据集（1992～2013 年）

（1）数据集元数据

数据集标题：中蒙俄国际经济走廊 1km 年均夜间灯光数据集（1992～2013 年）。

数据集摘要：该数据为中蒙俄国际经济走廊区域的 DMSP（美国国防气象卫星）年均夜间灯光数据，数据时间为 1992～2013 年。数据为 TIFF 格式，空间分辨率为 1km，年合成数据，数据量大小为 74.2MB。使用 DMSP 年均夜间灯光数据进行统计和平均降噪，去除火灾等短暂的偶然灯光，生成 1992～2013 年年均夜间灯光数据。夜间灯光数据能反映综合性信息，涵盖了交通道路、居民地等与人口、城市等因子分布密切相关的信息。

数据关键词：中蒙俄、夜间灯光、遥感。

数据集时间：1992～2013 年。

数据集格式：TIFF。

数据集类型：栅格。

资源负责方：中国科学院地理科学与资源研究所。

通信地址：北京市朝阳区大屯路甲 11 号。

（2）数据集说明

数据集内容说明：中蒙俄国际经济走廊 1km 年均夜间灯光数据包含 22 个 TIFF 文件，分别为 1992～2013 年的年均夜光数据。

数据加工方法：对获取的原始数据进行消除（大气云雾、外部光源等）噪声干扰，对 1992～2013 年的年均夜间灯光数据进行统计和平均降噪，去除火灾等短暂的偶然灯光，通过与相关资料的对比验证分析，得到中蒙俄国际经济走廊考察区的年均夜间灯光数据。

数据质量描述：原始数据分辨率为 1km，数据生产过程中严格按照遥感数据生产标准规范执行，数据加工后分辨率精度保持不变，经专人检查确保数据质量真实可靠。

数据应用成果：夜间灯光影像反映地表夜间灯光亮度，从而在一定程度上表征人类活动强度，长时间序列的夜间灯光数据对于城市发展研究具有重要参考价值。该数据面向科学研究和技术服务业，可为社会人文科学研究和环境与生态监测提供良好的科学依据、技术及数据支撑。

（3）数据集内容

中蒙俄国际经济走廊 1km 年均夜间灯光数据集（1992～2013 年）包含 22 个 TIFF

文件，为 1992～2013 年每一年的夜间灯光数据均值。其中，中蒙俄国际经济走廊考察区 2013 年 1km 平均夜间灯光数据如图 5-11 所示。

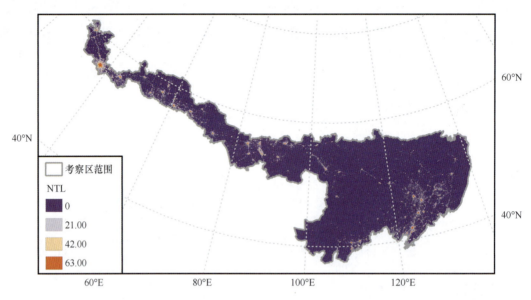

图 5-11　考察区 1km 年均夜间灯光数据示意（2013 年）

NTL，夜间灯光数据值

5.4.2　中蒙俄国际经济走廊 0.0125° 年均夜间灯光数据集（2012～2016 年）

（1）数据集元数据

数据集标题：中蒙俄国际经济走廊 0.0125° 年均夜间灯光数据集（2012～2016 年）。

数据集摘要：该数据为中蒙俄国际经济走廊区域的对地观测卫星 Suomi NPP VIIRS（Visible Infrared Imaging Radiometer Suit，VIIRS）年均夜间灯光数据，数据时间为 2012～2016 年。数据为 TIFF 格式，空间分辨率为 0.0125°，年合成数据，数据量大小为 20MB。使用 NPP VIIRS 月均夜间灯光数据，进行统计和平均降噪生成 2012～2016 年年均夜间灯光数据。夜间灯光数据能反映综合性信息，涵盖交通道路、居民地等与人口、城市等因子分布密切相关的信息。

数据关键词：中蒙俄、夜间灯光、遥感。

数据集时间：2012～2016 年。

数据集格式：TIFF。

数据集类型：栅格。

资源负责方：中国科学院地理科学与资源研究所。

通信地址：北京市朝阳区大屯路甲 11 号。

（2）数据集说明

数据集内容说明：中蒙俄国际经济走廊 0.0125° 年均夜间灯光数据包含 5 个 TIFF 文件，分别为 2012～2016 年的年均夜间灯光数据。

数据加工方法：从美国国家海洋和大气管理局（National Oceanic and Atmospheric Administration，NOAA）获取原始夜间灯光数据，针对大气云雾、外部光源等不同噪声，采用了不同的处理方式，对 2012～2016 年的月合成夜光数据进行统计和平均降噪，求取均值得到年度夜间灯光数据。再利用中蒙俄国际经济走廊考察区范围进行裁剪，得到中蒙俄国际经济走廊考察区的年均夜间灯光数据。

数据质量描述：原始数据分辨率为 0.0125°，数据生产过程中严格按照遥感数据生产标准规范执行，数据加工后分辨率精度保持不变，经专人检查确保数据质量真实可靠。

数据应用成果：夜间灯光影像反映地表夜间灯光亮度，从而在一定程度上表征人类活动强度，长时间序列的夜间灯光数据对于城市发展研究具有重要参考价值。该数据面向科学研究和技术服务业，可为社会人文科学研究和环境与生态监测提供良好的科学依据、技术及数据支撑。

（3）数据集内容

中蒙俄国际经济走廊 0.0125° 年均夜间灯光数据（2012～2016 年）包含 5 个 TIFF 文件，分别为每一年的夜间灯光数据均值。其中，中蒙俄国际经济走廊 2014 年平均夜间灯光数据如图 5-12 所示。

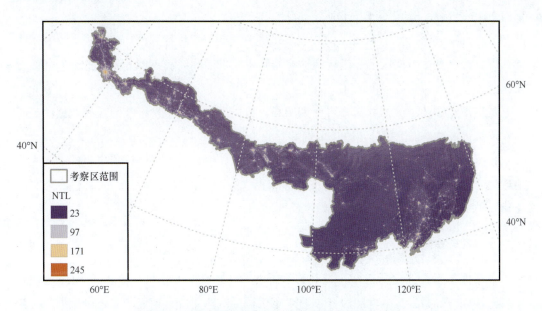

图 5-12　考察区年均夜间灯光数据示意（2014 年）

5.5 痕量气体数据

5.5.1 中蒙俄国际经济走廊 7km 一氧化碳数据集（2019 年）

（1）数据集元数据

数据集标题：中蒙俄国际经济走廊 7km 一氧化碳数据集（2019 年）。

数据集摘要：该数据为中蒙俄国际经济走廊考察区一氧化碳月均分布数据，数据时间为 2019 年。数据为 TIFF 格式，空间分辨率为 7km，月度均值合成数据，数据量大小为 14.6MB。使用 Sentinel-5P 一氧化碳离线处理数据进行月度均值合成。该数据为垂直积分的一氧化碳柱浓度，单位为 mol/m^2。

数据关键词：中蒙俄、一氧化碳、遥感。

数据集时间：2019 年。

数据集格式：TIFF。

数据集类型：栅格。

资源负责方：中国科学院地理科学与资源研究所。

通信地址：北京市朝阳区大屯路甲 11 号。

（2）数据集说明

数据集内容说明：中蒙俄国际经济走廊 7km 一氧化碳数据包含 12 个 TIFF 文件，分别为 2019 年逐月一氧化碳分布数据。

数据加工方法：基于 Sentinel-5P 一氧化碳离线数据，进行月度均值合成，再利用中蒙俄国际经济走廊考察区范围进行裁剪，得到中蒙俄国际经济走廊考察区的一氧化碳分布数据。

数据质量描述：原始数据分辨率为 7km，数据生产过程中严格按照遥感数据生产标准规范执行，数据加工后分辨率精度保持不变，经专人检查确保数据质量真实可靠。

数据应用成果：痕量粒种受到各种物理、化学、生物、地球过程的作用并参与生物地球化学循环，对全球大气环境及生态形成重大影响。该数据可为研究大气化学变化、全球气候变化、全球碳循环等提供数据支撑。

（3）数据集内容

中蒙俄国际经济走廊 7km 一氧化碳数据包含 12 个 TIFF 文件，分别为 2019 年逐月一氧化碳分布数据。其中，2019 年 7 月中蒙俄国际经济走廊考察区一氧化碳数据示意如图 5-13 所示。

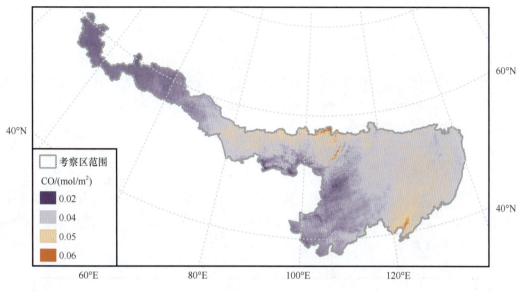

图 5-13　考察区一氧化碳数据示意（2019 年 7 月）

5.5.2　中蒙俄国际经济走廊 7km 二氧化氮数据集（2019 年）

（1）数据集元数据

数据集标题：中蒙俄国际经济走廊 7km 二氧化氮数据集（2019 年）。

数据集摘要：该数据为中蒙俄国际经济走廊考察区二氧化氮月均分布数据，数据时间为 2019 年。数据为 TIFF 格式，空间分辨率为 7km，月度均值合成数据，数据量大小为 14.3MB。使用 Sentinel-5P 二氧化氮离线处理数据进行月度均值合成。该数据为二氧化氮总垂直柱浓度（二氧化氮的斜柱密度与总空气质量因子之比），单位为 mol/m²。

数据关键词：中蒙俄、二氧化氮、遥感。

数据集时间：2019 年。

数据集格式：TIFF。

数据集类型：栅格。

资源负责方：中国科学院地理科学与资源研究所。

通信地址：北京市朝阳区大屯路甲 11 号。

（2）数据集说明

数据集内容说明：中蒙俄国际经济走廊 7km 二氧化氮数据包含 12 个 TIFF 文件，分别为 2019 年逐月二氧化氮总垂直柱浓度分布数据。

数据加工方法：基于 Sentinel-5P 二氧化氮离线数据，进行月度均值合成，再利用中蒙俄国际经济走廊考察区范围进行裁剪，得到中蒙俄国际经济走廊考察区的二氧化氮总垂直柱浓度分布数据。

数据质量描述：原始数据分辨率 7km，数据生产过程中严格按照遥感数据生产标准规范执行，数据加工后分辨率精度保持不变，经专人检查确保数据质量真实可靠。

数据应用成果：痕量粒种受到各种物理、化学、生物、地球过程的作用并参与生物地球化学循环，对全球大气环境及生态形成重大影响。该数据主要应用于环境科学、大气科学、生态科学等领域的研究。

（3）数据集内容

中蒙俄国际经济走廊 7km 二氧化氮数据包含 12 个 TIFF 文件，分别为 2019 年逐月二氧化氮总垂直柱浓度分布数据。其中，2019 年 7 月中蒙俄国际经济走廊考察区二氧化碳数据如图 5-14 所示。

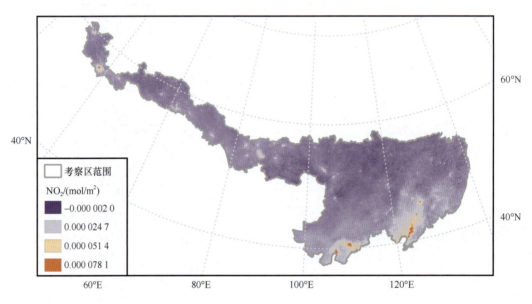

图 5-14　考察区二氧化氮数据示意（2019 年 7 月）

5.5.3　中蒙俄国际经济走廊 7km 二氧化硫数据集（2019 年）

（1）数据集元数据

数据集标题：中蒙俄国际经济走廊 7km 二氧化硫数据集（2019 年）。

数据集摘要：该数据为中蒙俄国际经济走廊考察区二氧化硫月均分布数据，数据时间为 2019 年。数据为 TIFF 格式，空间分辨率为 7km，月度均值合成数据，数据量大小为 14.3MB。使用 Sentinel-5P 二氧化硫离线处理数据，进行月度均值合成。该数据为使用 DOAS 技术计算的二氧化硫地面垂直柱浓度，单位为 mol/m^2。

数据关键词：中蒙俄、二氧化硫、遥感。

数据集时间：2019 年。

数据集格式：TIFF。

数据集类型：栅格。

资源负责方：中国科学院地理科学与资源研究所。

通信地址：北京市朝阳区大屯路甲 11 号。

（2）数据集说明

数据集内容说明：中蒙俄国际经济走廊 7km 二氧化硫数据（2019 年），包含 12 个 TIFF 文件，分别为 2019 年逐月二氧化硫地面垂直柱浓度分布数据。

数据加工方法：基于 Sentinel-5P 二氧化硫离线数据，进行月度均值合成，再利用中蒙俄国际经济走廊考察区范围进行裁剪，得到中蒙俄国际经济走廊考察区的二氧化硫地面垂直柱浓度分布数据。

数据质量描述：原始数据分辨率为 7km，数据生产过程中严格按照遥感数据生产标准规范执行，数据加工后分辨率精度保持不变，经专人检查确保数据质量真实可靠。

数据应用成果：痕量粒种受到各种物理、化学、生物、地球过程的作用并参与生物地球化学循环，对全球大气环境及生态形成重大影响。该数据主要应用于环境科学、大气科学、生态科学等领域的研究。

（3）数据集内容

中蒙俄国际经济走廊 7km 二氧化硫数据（2019 年）包含 12 个 TIFF 文件，分别为 2019 年逐月二氧化硫地面垂直柱浓度分布数据。其中，2019 年 9 月中蒙俄国际经济走廊考察区二氧化硫数据如图 5-15 所示。

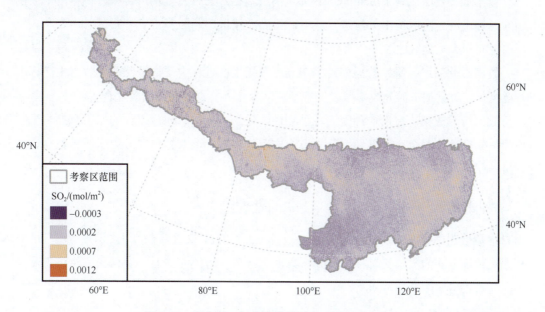

图 5-15　考察区二氧化硫数据示意（2019 年 9 月）

5.5.4 中蒙俄国际经济走廊 7km 臭氧数据集（2019 年）

（1）数据集元数据

数据集标题：中蒙俄国际经济走廊 7km 臭氧数据集（2019 年）。

数据集摘要：该数据为中蒙俄国际经济走廊考察区臭氧月均分布数据，数据时间为 2019 年。数据为 TIFF 格式，空间分辨率为 7km，月度均值合成数据，数据量大小为 12.6MB。使用 Sentinel-5P 臭氧离线处理数据进行月度均值合成。该数据为使用 GODfit 算法计算的地表和大气顶部之间的大气臭氧柱浓度，单位为 mol/m^2。

数据关键词：中蒙俄、臭氧、遥感。

数据集时间：2019 年。

数据集格式：TIFF。

数据集类型：栅格。

资源负责方：中国科学院地理科学与资源研究所。

通信地址：北京市朝阳区大屯路甲 11 号。

（2）数据集说明

数据集内容说明：中蒙俄国际经济走廊 7km 臭氧数据包含 12 个 TIFF 文件，分别为 2019 年逐月地表和大气顶部之间的大气臭氧柱浓度分布数据。

数据加工方法：基于 Sentinel-5P 臭氧离线数据，进行月度均值合成，再利用中蒙俄国际经济走廊考察区范围矢量进行裁剪，得到中蒙俄国际经济走廊考察区的地表和大气顶部之间的大气臭氧柱浓度分布数据。

数据质量描述：原始数据分辨率 7km，数据生产过程中严格按照遥感数据生产标准规范执行，数据加工后分辨率精度保持不变，经专人检查确保数据质量真实可靠。

数据应用成果：痕量粒种受到各种物理、化学、生物、地球过程的作用并参与生物地球化学循环，对全球大气环境及生态形成重大影响。该数据主要应用于环境科学、大气科学、生态科学等领域的研究。

（3）数据集内容

中蒙俄国际经济走廊 7km 臭氧数据包含 12 个 TIFF 文件，分别为 2019 年逐月地表和大气顶部之间的大气臭氧柱浓度分布数据。其中，2019 年 7 月中蒙俄国际经济走廊考察区臭氧数据如图 5-16 所示。

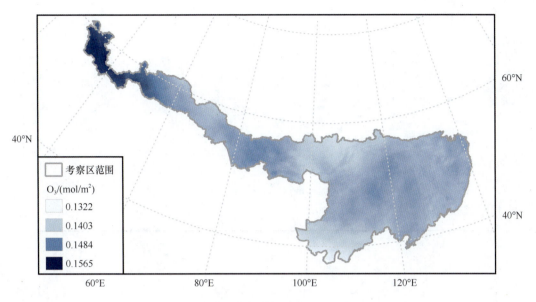

图 5-16   考察区臭氧数据示意（2019 年 7 月）

5.5.5   中蒙俄国际经济走廊 7km 甲烷数据集（2019 年）

（1）数据集元数据

数据集标题：中蒙俄国际经济走廊 7km 甲烷数据集（2019 年）。

数据集摘要：该数据为中蒙俄国际经济走廊考察区甲烷月均分布数据，数据时间为 2019 年。数据为 TIFF 格式，空间分辨率为 7km，月度均值合成数据，数据量大小为 6.49MB。使用 Sentinel-5P 甲烷离线处理数据进行月度均值合成。该数据为甲烷的柱平均干空气混合比，单位为 ppb[①]v。

数据关键词：中蒙俄、甲烷、遥感。

数据集时间：2019 年。

数据集格式：TIFF。

数据集类型：栅格。

资源负责方：中国科学院地理科学与资源研究所。

通信地址：北京市朝阳区大屯路甲 11 号。

（2）数据集说明

数据集内容说明：中蒙俄国际经济走廊 7km 甲烷数据包含 12 个 TIFF 文件，分别为 2019 年逐月地表和大气顶部之间的甲烷柱平均干空气混合比分布数据。

数据加工方法：基于 Sentinel-5P 甲烷离线数据，进行月度均值合成，再利用中蒙俄国际经济走廊考察区范围进行裁剪，得到中蒙俄国际经济走廊考察区的地表和大气顶部之间的甲烷柱平均干空气混合比分布数据。

---

①1ppb=1×10^{-6}。

数据质量描述：原始数据分辨率为 7km，数据生产过程中严格按照遥感数据生产标准规范执行，数据加工后分辨率精度保持不变，经专人检查确保数据质量真实可靠。

数据应用成果：痕量粒种受到各种物理、化学、生物、地球过程的作用并参与生物地球化学循环，对全球大气环境及生态形成重大影响。该数据主要应用于环境科学、大气科学、生态科学等领域的研究。

（3）数据集内容

中蒙俄国际经济走廊 7km 甲烷数据包含 12 个 TIFF 文件，分别为 2019 年逐月地表和大气顶部之间的甲烷柱平均干空气混合比分布数据。其中，2019 年 9 月中蒙俄国际经济走廊考察区甲烷数据如图 5-17 所示。

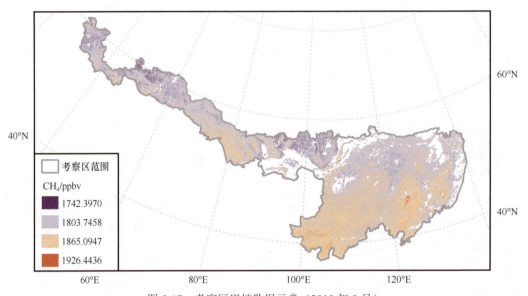

图 5-17　考察区甲烷数据示意（2019 年 9 月）

第6章 中蒙俄国际经济走廊考察区专题地图资料整编

本章内容基于现有中蒙俄国际经济走廊考察区纸质地图及相关资料，进行数字化、加工整编，并由专业翻译参照统一标准，对地图所展示信息及图例进行中文翻译，以满足国内读者使用。

6.1 地理环境本底数据整编

6.1.1 俄罗斯哈巴罗夫斯克边疆区 1∶100 万地形图（2015 年）

（1）数据集元数据

数据集标题：俄罗斯哈巴罗夫斯克边疆区 1∶100 万地形图（2015 年）。

数据集摘要：该数据为俄罗斯哈巴罗夫斯克边疆区 1∶100 万地形图（2015 年），主要介绍了俄罗斯哈巴罗夫斯克边疆区的地形、公路、居民点、水系、自然保护区、行政区等信息。

数据集空间范围：俄罗斯哈巴罗夫斯克边疆区。

数据关键词：俄罗斯、哈巴罗夫斯克、地形、水系。

数据集时间：2015 年。

数据集格式：TIFF。

数据集类型：栅格。

资源负责方：中国科学院地理科学与资源研究所。

通信地址：北京市朝阳区大屯路甲 11 号。

（2）数据集说明

数据集内容说明：俄罗斯哈巴罗夫斯克边疆区 1∶100 万地形图（2015 年）主要介绍俄罗斯哈巴罗夫斯克边疆区地形、公路、居民点、水系、自然保护区、行政区等信息。

数据加工方法：参考俄罗斯哈巴罗夫斯克边疆区 1∶100 万地形图，按照专题图制图标准，将纸质图集数字化，并加工整编，归档入库。由专业俄语翻译参照统一标准，对地图所展示信息及图例进行中文翻译，以满足国内读者使用。

数据质量描述：参照《国家基本比例尺地图图式 第 4 部分：1∶250 000　1∶500 000　1∶1 000 000 地形图图式》（GB/T 20257.4—2017），该图在加工、整理、翻译过程中满足完整性、准确性、一致性，即保证原始图件信息完整无遗漏、翻译地图信息图例保证与原始图件准确一致，并由专业翻译及制图人员进行审校，保证数据质量严谨可靠。

数据应用成果：地图以中、俄双语形式呈现，便于国内读者使用，并可为中蒙俄地区相关科学研究提供文献参考。

（3）数据集内容

该数据集图例如表 6-1 所示。

表 6-1　俄罗斯哈巴罗夫斯克边疆区 1∶100 万地形图（2015 年）图例

图例	说明
ХАБАРОВСК	居民 50 万～100 万
КОМСОМОЛЬСК-на-АМРУ	居民 10 万～50 万
АМУРСК	居民 5 万～10 万
ВАНИНО	居民 1 万～5 万
ГОРНЫИ	居民 2000～1 万
Чумикаи	居民 1000～2000
Мариинское	居民少于 1000
■　З а ц м . Н е л ь к а н	单独建筑
ХАБАРОВСК	哈巴罗夫斯克边疆区中心
Троицкое	哈巴罗夫斯克边疆区行政区划中心
	国界
	俄罗斯联邦州界
	自然保护区边界
Мони　а　б	铁路、A 车站 B 停靠点及其名称
ТУН.	隧道
	有硬质路面覆盖的公路、桥梁
	无路面覆盖的公路
M 58	联邦公路、公路编号
	土路
	其他道路（田野、森林和冬季）

图例	说明
	河港、码头
	飞机场
	河流：A 地下段、干涸段、B 长流水 瀑布和石滩、矿泉泉源 水边线标记 通航河流、通航起始点 陡峭岸边：A 无沙滩 B 有沙滩 河流流向
	岸边 等深线 深度标记 海上线路和距离（公里） 海上铁路渡船
	湖泊和水库
	等高线
	喀斯特区域、悬崖
	悬崖、峭壁、石砂矿
·200　　×	高度标记、隘口
	森林

图例	说明
	湿地
	小礼拜堂、纪念碑
	输油管线
	输气管线
	并排的输油和输气管线

6.1.2　俄罗斯阿穆尔州 1∶100 万地形图（2014 年）

（1）数据集元数据

数据集标题：俄罗斯阿穆尔州 1∶100 万地形图（2014 年）。

数据集摘要：该数据为俄罗斯阿穆尔州 1∶100 万地形图（2014 年），主要介绍了俄罗斯阿穆尔州的地形、公路、居民点、水系、自然保护区、行政区等信息。

数据集空间范围：俄罗斯阿穆尔州。

数据关键词：俄罗斯、阿穆尔州、地形、水系。

数据集时间：2014 年。

数据集格式：TIFF。

数据集类型：栅格。

资源负责方：中国科学院地理科学与资源研究所。

通信地址：北京市朝阳区大屯路甲 11 号。

（2）数据集说明

数据集内容说明：俄罗斯阿穆尔州 1∶100 万地形图（2014 年）主要介绍俄罗斯阿穆尔州的地形、公路、居民点、水系、自然保护区、行政区等信息。

数据加工方法：参考俄罗斯阿穆尔州 1∶100 万地形图，按照专题图制图标准，将纸质图集数字化，并加工整编，归档入库。由专业俄语翻译参照统一标准，对地图所展示信息及图例进行中文翻译，以满足国内读者使用。

数据质量描述：参照《国家基本比例尺地图图式 第 4 部分：1∶250 000　1∶500 000　1∶1 000 000 地形图图式》（GB/T 20257.4—2017），该图在加工、整理、翻译过程中满足完整性、准确性、一致性，即保证原始图件信息完整无遗漏、翻译地图信息图例保证与原始图件准确一致，并由专业翻译及制图人员进行审校，保证数据质量严谨可靠。

数据应用成果：地图以中、俄双语形式呈现，便于国内读者使用，并可为中蒙俄地区相关科学研究提供文献参考。

（3）数据集内容

该数据集图例如表 6-2 所示。

表 6-2　俄罗斯阿穆尔州 1∶100 万地形图（2014 年）图例

图例	说明
БЛАГОВЕЩЕНСК	居民 10 万～50 万
свободный	居民 5 万～10 万
ТЫНДА	居民 1 万～5 万
ЗАВИТИНСК	居民 2000～1 万
Аэропорт	历史形成的城市部分
АРХАРА	居民超过 2000
ЗКИНМЧАН	居民少于 2000
Белогорье	居民超过 1000
Орловка	居民少于 1000
■ *К р а с ц л о в к а*	非居住区、单独建筑
БЛАГОВЕЩЕНСК	阿穆尔州中心
ТЫНДА	阿穆尔州行政区划中心
	国界
	俄罗斯联邦州界
	自然保护区边界
Арозощевск а б	铁路、A 车站 B 停靠点及其名称
ТУН.	隧道
	有硬质路面覆盖的公路、桥梁

续表

图例	说明
	非硬化公路
M 58	联邦公路、公路编号
	土路
	其他道路（田野、森林和冬季）
	河港、码头
	飞机场
а б ВДП. 192 АМУР	河流：A 地下段、B 长流水 瀑布和石滩 水边线标记 通航河流、通航起始点 无沙滩陡峭岸边 河流流向
	沟渠
	湖泊和水库、堤坝
	在建水库边界和面积
200	等高线
	悬崖、峭壁、石砂矿
·200 ×	高度标记、隘口
	森林
	湿地

图例	说明
a（粗实线，两端有实心圆点）	输油管线
б（点划线，两端有实心圆点）	在建输油管线
（红色双重圆）	州中心
（黑色双重圆）	城市
（黑色实心圆环）	市镇
（小空心圆）	村镇
（黑白相间铁路符号）	铁路
（紫色双线）	其他公路

6.1.3　俄罗斯滨海边疆区 1∶110 万湖泊与水库图（2018 年）

（1）数据集元数据

数据集标题：俄罗斯滨海边疆区 1∶110 万湖泊与水库图（2018 年）。

数据集摘要：该数据为俄罗斯滨海边疆区 2018 年 1∶110 万的湖泊与水库图，主要介绍俄罗斯滨海边疆区的河流、小溪、湖泊、水库的名称和流向，以及堤坝、居民点、海港码头等信息。

数据集空间范围：俄罗斯滨海边疆区。

数据关键词：滨海边疆区、湖泊、水库。

数据集时间：2018 年。

数据集格式：TIFF。

数据集类型：栅格。

资源负责方：中国科学院地理科学与资源研究所。

通信地址：北京市朝阳区大屯路甲 11 号。

（2）数据集说明

数据集内容说明：俄罗斯滨海边疆区 1∶110 万湖泊与水库图（2018 年）主要介绍俄罗斯滨海边疆区的河流、小溪、湖泊、水库的名称和流向，以及堤坝、居民点、海港码头等信息。

数据加工方法：参考俄罗斯滨海边疆区 1∶110 万湖泊与水库图，按照专题图制图标准，将纸质图集数字化，并加工整编，归档入库。由专业俄语翻译参照统一标准，对地图所展示信息及图例进行中文翻译，以满足国内读者使用。

数据质量描述：参照《国家基本比例尺地图图式 第 4 部分：1∶250 000　1∶500 000　1∶1 000 000 地形图图式》（GB/T 20257.4—2017），该图在加工、整理、翻译过程中满足完整性、准确性、一致性，即保证原始图件信息完整无遗漏、翻译地图信息图例保证与原始图件准确一致，并由专业翻译及制图人员进行审校，保证数据质量严谨可靠。

数据应用成果：地图以中、俄双语形式呈现，便于国内读者使用，并可为中蒙俄地区相关科学研究提供文献参考。

（3）数据集内容

该数据集图例见表 6-3。

表 6-3　俄罗斯滨海边疆区 1∶110 万湖泊与水库图（2018 年）图例

图例	说明
	居民区
	单独分布的房舍
	纪念碑、烈士公墓
	气象站
	墓地
	输电线
	铁路、车站
	通往湖边的路径
	河流、小溪、湖泊、水库的名称和流向
	堤坝、土埂、桥梁

图例	说明
	标高、等高线
	森林、主要树种
	森林
	河流
	湖泊
	湿地
	海港
	码头、停靠处、河运码头
	飞机场

6.1.4　俄罗斯伊尔库茨克州 1∶90 万贝加尔湖地图（2017 年）

（1）数据集元数据

数据集标题：俄罗斯伊尔库茨克州 1∶90 万贝加尔湖地图（2017 年）。

数据集摘要：该数据为俄罗斯伊尔库茨克州 2017 年 1∶90 万的贝加尔湖地图，主要介绍贝加尔湖区域的水库、河流的名称和流向，以及堤坝、居民点码头等信息。

数据集空间范围：俄罗斯滨伊尔库茨克贝加尔湖。

数据关键词：贝加尔湖、伊尔库茨克、湖泊、河流。

数据集时间：2017 年。

数据集格式：TIFF。

数据集类型：栅格。

资源负责方：中国科学院地理科学与资源研究所。

通信地址：北京市朝阳区大屯路甲 11 号。

（2）数据集说明

数据集内容说明：俄罗斯伊尔库茨克州 1∶90 万贝加尔湖地图（2017 年）主要包括贝加尔湖区域的水库、河流的名称和流向，以及堤坝、居民点、码头等信息。

数据加工方法：参考俄罗斯伊尔库茨克州 1∶90 万贝加尔湖地图，按照专题图制图标准，将纸质图集数字化，并加工整编，归档入库。由专业俄语翻译参照统一标准，对地图所展示信息及图例进行中文翻译，以满足国内读者使用。

数据质量描述：参照《国家基本比例尺地图图式 第 4 部分：1∶250 00　1∶500 000　1∶1 000 000 地形图图式》（GB/T 20257.4—2017），该图在加工、整理、翻译过程中满足完整性、准确性、一致性，即保证原始图件信息完整无遗漏、翻译地图信息图例保证与原始图件准确一致，并由专业翻译及制图人员进行审校，保证数据质量严谨可靠。

数据应用成果：地图以中、俄双语形式呈现，便于国内读者使用，并可为中蒙俄地区相关科学研究提供文献参考。

（3）数据集内容

该数据集图例见表 6-4。

表 6-4　俄罗斯伊尔库茨克州 1∶90 万贝加尔湖地图（2017 年）图例

图例	说明
	通航河流 水库、水电站大坝 其他河流 水边线标记 河流流向 码头、停靠点 等深线 湖泊、深度标记 水路及距离（公里） 水下石头、水上石头

图例	说明
	河流、通航河流名称 河流流向、水边线标记 停靠点 岸边浅滩、堤岸 陡峭岸边 湖泊、水库、大坝
	等高线
	悬崖、峭壁
	大坑、采矿场、大坝
	森林、公园、草坪
	连片灌木丛、单独灌木丛
	花园地带
	苗圃、墓地
	窄条森林、灌木丛
	沙地、砾石表面
	湿地、沼泽
	城市边界
	城市组成区域边界

6.1.5　俄罗斯伊尔库茨克州 1∶40 万交通图（2016 年）

（1）数据集元数据

数据集标题：俄罗斯伊尔库茨克州 1∶40 万交通图（2016 年）。

数据集摘要：该数据为俄罗斯伊尔库茨克州 1∶40 万交通图（2016 年），主要介绍俄罗斯伊尔库茨克州的公路、铁路、水文地理、居民点、基础设施等情况。

数据集空间范围：俄罗斯伊尔库茨克州。

数据关键词：伊尔库茨克州、1∶40 万、公路。

数据集时间：2016 年。

数据集格式：TIFF。

数据集类型：栅格。

资源负责方：中国科学院地理科学与资源研究所。

通信地址：北京市朝阳区大屯路甲 11 号。

（2）数据集说明

数据集内容说明：俄罗斯伊尔库茨克州 1∶40 万公路图（2016 年）主要包括俄罗斯伊尔库茨克州的公路、铁路、水文地理、居民点、基础设施等信息。

数据加工方法：参考俄罗斯伊尔库茨克州 1∶40 万公路图，按照专题图制图标准，将纸质图集数字化，并加工整编，归档入库。由专业俄语翻译参照统一标准，对地图所展示信息及图例进行中文翻译，以满足国内读者使用。

数据质量描述：参照《国家基本比例尺地图图式 第 4 部分：1∶25 000 1∶500 000 1∶1 000 000 地形图图式》（GB/T 20257.4—2017），该图在加工、整理、翻译过程中满足完整性、准确性、一致性，即保证原始图件信息完整无遗漏、翻译地图信息图例保证与原始图件准确一致，并由专业翻译及制图人员进行审校，保证数据质量严谨可靠。

数据应用成果：地图以中、俄双语形式呈现，便于国内读者使用，并可为中蒙俄地区相关科学研究提供文献参考。

（3）数据集内容

该数据集图例见表 6-5。

表 6-5　俄罗斯伊尔库茨克州 1∶40 万公路图（2016 年）图例

图例	说明
ИРКУТСК	居民 50 万～100 万
АНГАРСК	居民 10 万～50 万
ЧЕРЕМХОВО	居民 5 万～10 万
НОВОЛЕНИНО	城市组成部分
СВИРСК	居民 1 万～5 万

续表

图例	说明
ТЕЛЬМА	居民超过 2000
Бельск	居民超过 1000
Биликтуй	居民 500～1000
Бургаз	居民少于 500
Стеклянка	单独院落和建筑
	交警检查站
ИРКУТСК	俄罗斯联邦州中心
УСТЬ-ОРДЫНСКИЙ	乌斯季奥尔登斯基布里亚特自治区中心
ЧЕРЕМХОВО	区域中心
	通航河流 通航起始点 水边线标记 河流流向 码头和停靠点 渡船货运 河宽超过 300m、河宽小于 300m 河流地下隐藏部分 石滩和瀑布、堤坝
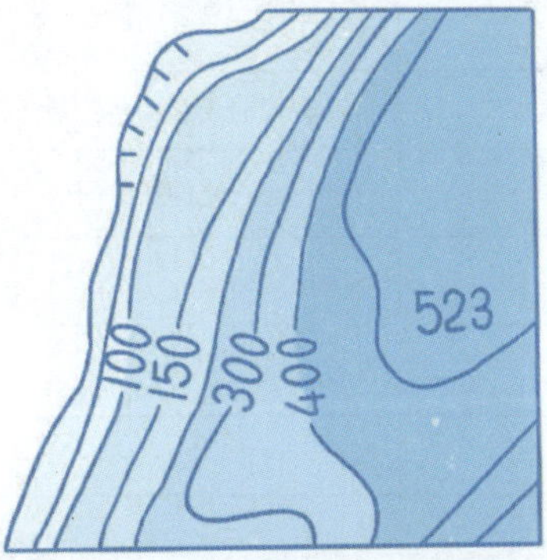	湖泊和水库 等深线 深度标记 陡峭岸边

155

图例	说明
пер. мельнцков ✕ • 839 налеъь	隘口
	高度标记
	冰层
Маритуй	车站及名称
ТУН.	桥梁、隧道
AH-6	亚洲公路及编号
M-53	联邦公路及编号
	砾石碎石路面覆盖的公路
	非硬化公路
	土路
автозмник	冬季道路
	有沥青混凝土路面覆盖的公路
	有砾石碎石路面覆盖的公路
	非硬化公路
	设计和在建的公路
	土路
автозмник	冬季道路
	有沥青混凝土路面覆盖的公路
	有砾石碎石路面覆盖的公路
	非硬化公路
	在建公路
	土路
автозмник	冬季道路

图例	说明
	小路
	有硬质路面覆盖的公路
	在建有硬质路面覆盖的公路
	非硬化公路
	土路
автозмник	冬季道路
	小路
103　18	点之间的距离（公里）
	加油站
	汽修站
	广播站和电视中心
	电视、无线电发射塔
	飞机场
	俄罗斯联邦州界
	乌斯季奥尔登斯基布里亚特自治区边界
	伊尔库茨克州区域边界
	自然保护区和国家公园边界

6.1.6 俄罗斯符拉迪沃斯托克（海参崴）1∶2.5万交通图（2017年）

（1）数据集元数据

数据集标题：俄罗斯符拉迪沃斯托克（海参崴）1∶2.5万交通图（2017年）。

数据集摘要：该数据为俄罗斯符拉迪沃斯托克（海参崴）2017年1∶2.5万的交通图，主要介绍符拉迪沃斯托克（海参崴）的城市道路、铁路、汽车站、火车站、海港等交通设施信息。

数据集空间范围：俄罗斯符拉迪沃斯托克（海参崴）。

数据关键词：符拉迪沃斯托克（海参崴）、交通、道路、铁路。

数据集时间：2017年。

数据集格式：TIFF。

数据集类型：栅格。

资源负责方：中国科学院地理科学与资源研究所。

通信地址：北京市朝阳区大屯路甲11号。

（2）数据集说明

数据集内容说明：俄罗斯符拉迪沃斯托克（海参崴）1∶2.5万交通图（2017年）主要介绍符拉迪沃斯托克（海参崴）的城市道路、铁路、汽车站、火车站、海港等交通设施信息。

数据加工方法：参考俄罗斯符拉迪沃斯托克（海参崴）1∶2.5万交通图，按照专题图制图标准，将纸质图集数字化，并加工整编，归档入库。由专业俄语翻译参照统一标准，对地图所展示信息及图例进行中文翻译，以满足国内读者使用。

数据质量描述：参照《国家基本比例尺地图图式 第3部分：1∶25 000 1∶50 000 1∶100 000地形图图式》（GB/T 20257.3—2017），该图在加工、整理、翻译过程中满足完整性、准确性、一致性，即保证原始图件信息完整无遗漏、翻译地图信息图例保证与原始图件准确一致，并由专业翻译及制图人员进行审校，保证数据质量严谨可靠。

数据应用成果：地图以中、俄双语形式呈现，便于国内读者使用，并可为中蒙俄地区相关科学研究提供文献参考。

（3）数据集内容

该数据集图例见表6-6。

表 6-6　俄罗斯符拉迪沃斯托克（海参崴）1∶2.5 万交通图（2017 年）图例

图例	说明
■ ■ ■ ■ ■ ■ ■ ■	城市行政区边界
ЛЕНИНСКИЙ РАЙОН	行政区名称
ЧУРКИН	城市历史形成区域名称
	居民区
	工业小区
	未开发地段
	公园、森林公园、绿地
	墓地
396▲ Г. Острая	山峰及高程
САНАТОРНАЯ	铁路、车站及名称
	缆车
	主干道、高架桥
	其他街道、单向通行街道
	步行街
	胡同
A	汽车沙龙
	汽车商店
	汽车市场

图例	说明
	专业轮胎中心
	维修点
	洗车房
	加油站
	国家道路交通安全检查
	火车站
	海港
	汽车站
	码头
	邮政局
	疗养院
	宾馆
	医疗单位

6.1.7 俄罗斯滨海边疆区 1∶24 万交通图（2018 年）

（1）数据集元数据

数据集标题：俄罗斯滨海边疆区 1∶24 万交通图（2018 年）。

数据集摘要：该数据为俄罗斯滨海边疆区 2018 年 1∶24 万的交通图，主要介绍滨海边疆区的城市道路、铁路、汽车站、火车站、海港等交通设施信息。

数据集空间范围：俄罗斯滨海边疆区。

数据关键词：滨海边疆区、交通、道路、铁路。

数据集时间：2018 年。

数据集格式：TIFF。

数据集类型：栅格。

资源负责方：中国科学院地理科学与资源研究所。

通信地址：北京市朝阳区大屯路甲 11 号。

（2）数据集说明

数据集内容说明：俄罗斯滨海边疆区 1∶24 万交通图（2018 年）主要介绍滨海边疆区的城市道路、铁路、汽车站、火车站、海港等交通设施信息。

数据加工方法：参考俄罗斯滨海边疆区 1∶24 万交通图，由专人标准化扫描归档，将纸质地图进行扫描转化、拼接子图块、归档入库，由专业俄语翻译参照统一标准规范，对地图所展示信息及图例进行翻译、归档。

数据质量描述：参照《国家基本比例尺地图图式 第 4 部分：1∶250 000 1∶500 000 1∶1 000 000 地形图图式》（GB/T 20257.4—2017），该图在扫描转化、归档整理、翻译过程中满足完整性、准确性、一致性，即扫描转化过程中保证原始图件信息完整无遗漏、翻译地图信息图例保证与原始图件准确一致，并由专业翻译及制图人员进行审校，保证数据质量严谨可靠。

数据应用成果：面向科学研究和技术服务业，可支撑环境与生态监测和社会人文科学研究。

（3）数据集内容

该数据集图例见表 6-7。

表 6-7 俄罗斯滨海边疆区 1∶24 万交通图（2018 年）图例

图例	说明
ВЛАДИВОСТОК	居民超过 50 万
НАХОДКА	居民 10 万～50 万
АРСЕНЬЕВ	居民 5 万～10 万

图例	说明
ДАЛЬНЕРЕЧЕНСК	居民 1 万～5 万
Сибирцево	居民超过 1 万
Липовцы	居民 5000～1 万
Посьет	居民少于 5000
Новоникольск	居民超过 1000
Корфовка	居民少于 1000
ВЛАДИВОСТОК	边疆区中心
Спавянка	区域中心
Михайловка	
	定居点
■ **бар**	单独建筑
	国家边界
	俄罗斯联邦州边界
	行政区划、城市边界
	保护区边界
■ Бамбурово	铁路、车站
	海港
	码头、河港
	飞机场
M-52	有完善路面覆盖的公路
	有硬质路面覆盖的公路

图例	说明
	有砾石碎石覆盖路面的公路
	土路
	难以通行路段
21	定居点之间距离（公里）
	加油站
	边境汽车通行站
1669 • г.Ольховая	山峰及高程（米）
✕	隘口
	森林
	河流
	沟渠
	湖泊
	湿地
ДАЛЬНЕГОРСК	城市
Кавалерово	市镇
Зеркальное	村镇
ГРАНИТНЫЙ	城市偏远组成部分

续表

图例	说明
	气象站
	墓地
	保护区边界
	有完善路面覆盖的公路
	有路面覆盖的公路
	土路
	田野和森林道路
	加油站
	维修站
	餐饮点
	休息点
	高架桥
Гора Облачная	自然景观及名称
	灯塔

图例	说明
	浅滩
	水上峭壁
	暗礁
a) б) в)	石头：水下的、水上的、出没的
	泉眼
	悬崖
▲35	峭壁及高度（米）
◣14	独石及高度（米）
	堤坝、沟堑

6.1.8　俄罗斯阿尔泰边疆区 1∶65 万公路图（2019 年）

（1）数据集元数据

数据集标题：俄罗斯阿尔泰边疆区 1∶65 万公路图（2019 年）。

数据集摘要：该数据为俄罗斯阿尔泰边疆区 1∶65 万公路图（2019 年），主要介绍阿尔泰边疆区的行政区、公路、居民点、交通站点、桥梁等信息。

数据集空间范围：俄罗斯阿尔泰边疆区。

数据关键词：俄罗斯、阿尔泰、公路、交通。

数据集时间：2019 年。

数据集格式：TIFF。

数据集类型：栅格。

资源负责方：中国科学院地理科学与资源研究所。

通信地址：北京市朝阳区大屯路甲 11 号。

（2）数据集说明

数据集内容说明：俄罗斯阿尔泰边疆区 1：65 万公路图（2019 年）主要介绍阿尔泰边疆区的行政区、公路、居民点、交通站点、桥梁等信息。原始地图由俄罗斯阿尔泰边疆区地图出版社出版。

数据加工方法：参照《国家基本比例尺地图图式 第 4 部分：1：250 000　1：500 000　1：1 000 000 地形图图式》（GB/T 20257.4—2017），俄罗斯阿尔泰边疆区 1：650 000 公路图（2019 年）在实地考察调研过程中收集整理而来，而后经专人标准化扫描归档，将纸质地图进行扫描转化、拼接子图块、归档入库，由专业俄语翻译参照统一标准规范，对地图所展示信息及图例进行翻译、归档。

数据质量描述：该图在扫描转化、归档整理、翻译过程中满足完整性、准确性、一致性，即扫描转化过程中保证原始图件信息完整无遗漏、翻译地图信息图例保证与原始图件准确一致，并由专业翻译及制图人员进行审校，保证数据质量严谨可靠。

数据应用成果：面向科学研究和技术服务业，可支撑环境与生态监测和社会人文科学研究。

（3）数据集内容

该数据集图例见表 6-8。

表 6-8　俄罗斯阿尔泰边疆区 1：65 万公路图（2019 年）图例

图例	说明
СЛАВГОРОД	超过 5 万居民的城市
Ключи	少于 5 万居民的城市
○ Алексеевка	村镇
БАРНАУЛ	俄罗斯联邦州中心和首都
РУБЦОВСК	阿尔泰边疆区行政区划中心
Родино	

续表

图例	说明
Неводное	村镇
Мамонтово	与铁路或水运站点名称相同的定居点
М-52	联邦公路及编号
	有完善路面覆盖的公路
	有路面覆盖的公路
	非硬化公路（完善的土路）
	铁路
ГАГАРЬЕ　Ост.п.93км	车站、停靠点
	桥梁
✈	飞机场
⚓ЮБИЛЕЙНЫЙ	码头
ОБЬ　Чарыш　1　2	河流名称和河流流向
	1. 宽度超过 120 米
	2. 宽度 20 米到 120 米
	3. 宽度小于 20 米
	干涸河流
ОЗ.Демкцно	湖泊、水库
	可通行堤坝

图例	说明
	森林（阔叶、针叶）
●г. Вознесенская	山脉及最高峰
	阿尔泰边疆区边界
	阿尔泰边疆区行政区划边界
УГЛОВСКИЙ РАЙОН	阿尔泰边疆区行政区划名称

6.1.9　俄罗斯伊尔库茨克市1∶19万城市地图（2015年）

（1）数据集元数据

数据集标题：俄罗斯伊尔库茨克市1∶19万城市地图（2015年）。

数据集摘要：该图描述的是俄罗斯伊尔库茨克城市基本情况，主要介绍伊尔库茨克的城市交通、水系、森林、医院、宾馆、餐饮店、加油站、修理站等城市用地及基础设施等基本信息。

数据集空间范围：俄罗斯伊尔库茨克市。

数据关键词：伊尔库茨克、交通、设施、城市。

数据集时间：2015年。

数据集格式：TIFF。

数据集类型：栅格。

资源负责方：中国科学院地理科学与资源研究所。

通信地址：北京市朝阳区大屯路甲11号。

（2）数据集说明

数据集内容说明：俄罗斯伊尔库茨克市1∶19万城市地图（2015年）主要介绍伊尔库茨克的城市交通、水系、森林、医院、宾馆、餐饮店、加油站、修理站等城市用地及基础设施等基本信息。原始地图由伊尔库茨克地图出版社出版。

数据加工方法：俄罗斯伊尔库茨克市1∶19万城市地图是在实地考察调研过程中收集整理而来，而后经专人标准化扫描归档，将纸质地图进行扫描转化、拼接子图块、归档入库，由专业俄语翻译参照统一标准规范，对地图所展示信息及图例进行翻译、归档。

数据质量描述：参照《国家基本比例尺地图图式 第 4 部分：1∶250 000　1∶500 000　1∶1 000 000 地形图图式》（GB/T 20257.4—2017），该图在扫描转化、归档整理、翻译过程中满足完整性、准确性、一致性，即扫描转化过程中保证原始图件信息完整无遗漏、翻译地图信息图例保证与原始图件准确一致，并由专业翻译及制图人员进行审校，保证数据质量严谨可靠。

数据应用成果：面向科学研究和技术服务业，可支撑环境与生态监测和社会人文科学研究。

（3）数据集内容

俄罗斯伊尔库茨克市 1∶19 万城市地图（2015 年）图例见表 6-9。

表 6-9　俄罗斯伊尔库茨克市 1∶19 万城市地图（2015 年）图例

图例	说明
	居民住宅小区
	非居民住宅小区
	建筑物编号、体育场
	河流、可通航河流名称 河流流向 码头和停靠点 岸边浅滩 堤岸、蹬道和阶梯 已加固的堤坡
	绿地、草坪
	城市主干道
	挡土墙
	纪念碑

图例	说明
	喷泉
	加油站
	宾馆
	餐饮店
РЫНОК	市场
ТЦ	贸易中心
	历史建筑物及编号
i	伊尔库茨克旅游咨询服务
	"绿线"步行游览路线
АНГАРСК ШЕЛЕХОВ	城市
СЕВЕРНЫЙ	城市的单独部分
МАРКОВА	市镇
Олха	村镇

图例	说明
	铁路、桥梁、天桥
	车站、停靠点
M 53	公路主干线及编号
	有完善路面覆盖的公路
	有路面覆盖的公路
	非硬化公路
	土路
	田间和森林小路
	输电线路
•641　600	等高线
	森林、幼林
	连片灌树丛、湿地
	医院
	加油站
	修理站

续表

图例	说明
	交警、公里数标记

6.2　资源格局与潜力数据整编

6.2.1　俄罗斯 1∶650 万林业发展概况图（2002 年）

（1）数据集元数据

数据集标题：俄罗斯 1∶650 万林业发展概况图（2002 年）。

数据集摘要：该数据为 2002 年俄罗斯 1∶650 万林业发展概况图，俄罗斯森林面积和林木总蓄积量约占全球森林面积的 22%，是世界上森林资源第一大国。该数据主要反映俄罗斯林业资源数量和类型、林业加工企业分布、林业产值占比等信息。

数据集空间范围：俄罗斯。

数据关键词：俄罗斯、林业、社会经济、1∶650 万。

数据集时间：2015 年。

数据集格式：TIFF。

数据集类型：栅格。

资源负责方：中国科学院地理科学与资源研究所。

通信地址：北京市朝阳区大屯路甲 11 号。

（2）数据集说明

数据集内容说明：俄罗斯 1∶650 万林业发展概况图（2002 年）反映了俄罗斯林业资源数量和类型、林业加工企业分布、林业产值占比等信息。

数据加工方法：参考俄罗斯 1∶650 万林业发展概况图，按照专题图制图标准，将纸质图集数字化，并加工整编，归档入库。由专业俄语翻译参照统一标准，对地图所展示信息及图例进行中文翻译，以满足国内读者使用。

数据质量描述：参照《国家基本比例尺地图图式 第 4 部分：1∶250 000　1∶500 000 1∶1 000 000 地形图图式》（GB/T 20257.4—2017），该图在加工、整理、翻译过程中满足完整性、准确性、一致性，即保证原始图件信息完整无遗漏、翻译地图信息图例保证与原始图件准确一致，并由专业翻译及制图人员进行审校，保证数据质量严谨可靠。

数据应用成果：地图以中、俄双语形式呈现，便于国内读者使用，并可为中蒙俄地区相关科学研究提供文献参考。

（3）数据集内容

该数据集说明见表 6-10。

表 6-10　俄罗斯 1∶650 万林业发展概况图（2002 年）说明

项目	内容		
图例 1	2001 年俄林业在行业结构中占比（5%）		
图例 2	林业产品在俄罗斯各个区域占比	欧洲南部	2%
		西西伯利亚	3%
		伏尔加河流域	4%
		远东地区	6%
		乌拉尔地区	10%
		西北部	11%
		东西伯利亚	13%
	林业产品在俄罗斯各个区域占比	欧洲北部	25%
		俄罗斯中部	26%
图例 3	林业部门分类	△	林业采购
		○	林业加工，其中包括：
		○	木材厂
		○	家具工厂
		○	火柴盒制作
		○	纸浆造纸
		○	林业化工
	林业初加工	1.	集约发展区域
		2.	规划发展区域
		3.	综合加工区域
		4.	外运主要码头
		5.	林业货物主要流向
	林业覆盖率（%）	1.	小于 10%
		2.	10%～30%
		3.	30%～60%
		4.	大于 60%
		5.	无林业覆盖
		6.	森林储备南方界线
		7.	地理区域界线

项目	内容		
图例 3	俄罗斯林业主要木材种类	1.	橡树 1%
		2.	冷杉、银松 2%
		3.	杉树、柏树 3%
		4.	云杉 11%
		5.	白桦树 13%
		6.	松树 17%
		7.	落叶松 39%
		8.	其他 11%
	俄罗斯林业资源及其分布	欧洲部分森林覆盖面积/10^6hm^2	116
		欧洲部分木材储量区域比例	25
		欧洲部分加工生产量区域比例	60
		西伯利亚及远东森林覆盖面积/10^6hm^2	605
		西伯利亚及远东木材储量区域比例	75
		西伯利亚及远东加工生产量区域比例	40

6.2.2 俄罗斯滨海边疆区 1∶100 万森林类型图（2001 年）

（1）数据集元数据

数据集标题：俄罗斯滨海边疆区 1∶100 万森林类型图（2001 年）。

数据集摘要：该数据为俄罗斯滨海边疆区 2001 年 1∶100 万的森林类型图，主要介绍俄罗斯滨海边疆区的各种类型森林覆盖、居民点、湖泊、河流等信息。

数据集空间范围：俄罗斯滨海边疆区。

数据关键词：俄罗斯、滨海边疆区、森林、森林类型。

数据集时间：2001 年。

数据集格式：TIFF。

数据集类型：栅格。

资源负责方：中国科学院地理科学与资源研究所。

通信地址：北京市朝阳区大屯路甲 11 号。

（2）数据集说明

数据集内容说明：俄罗斯滨海边疆区 1∶100 万森林类型图（2001 年）主要介绍俄罗斯滨海边疆区的各种类型森林覆盖、居民点、湖泊、河流等信息。

数据加工方法：参考俄罗斯滨海边疆区 1∶100 万森林类型图，按照专题图制图标准，将纸质图集数字化，并加工整编，归档入库。由专业俄语翻译参照统一标准，对地图所展示信息及图例进行中文翻译，以满足国内读者使用。

数据质量描述：参照《国家基本比例尺地图图式 第 4 部分：1∶250 000　1∶500 000 1∶1 000 000 地形图图式》（GB/T 20257.4—2017），该图在加工、整理、翻译过程中满足完整性、准确性、一致性，即保证原始图件信息完整无遗漏、翻译地图信息图例保证与原始图件准确一致，并由专业翻译及制图人员进行审校，保证数据质量严谨可靠。

数据应用成果：地图以中、俄双语形式呈现，便于国内读者使用，并可为中蒙俄地区相关科学研究提供文献参考。

（3）数据集内容

该数据集图例见表 6-11。

表 6-11　俄罗斯滨海边疆区 1∶100 万森林类型图（2001 年）图例

图例	说明
ВЛАДИВОСТОК	边疆区中心
Анучино	区域中心
АРТЕМ	城市
Заводской	市级镇
Барабаш	村镇
	国家边界
	边疆区边界
	行政区边界
	自然保护区边界
	铁路
	公路
	联邦公路
1242·　г. Лысая	山峰、高度（米）
	湖泊
Павловка	河流
	湿地

图例	说明
	朝鲜雪松（朝鲜松）
	云杉、白冷杉
	落叶松
	全叶冷杉
	蒙古橡树
	黄桦、石桦、黑桦
	白桦
	水曲柳、枫树
	山谷榆
	椴树
	山杨、杨树

图例	说明
	桤木、柳树、钻天柳
	胡桃树、黄檗
	雪松
	采伐地
	裸露地、矿床、峭壁
	火烧迹地

6.2.3　俄罗斯伊尔库茨克市 1∶2.5 万旅游图（2007 年）

（1）数据集元数据

数据集标题：俄罗斯伊尔库茨克市 1∶2.5 万旅游图（2007 年）。

数据集摘要：该图描述的是俄罗斯伊尔库茨克市旅游情况，主要介绍伊尔库茨克的城市公路、铁路、河流水系、住宅用地、森林、公园、绿地、草坪、博物馆、展览中心等关于旅游的基本信息。

数据集空间范围：俄罗斯伊尔库茨克市。

数据关键词：伊尔库茨克、城市、旅游。

数据集时间：2007 年。

数据集格式：TIFF。

数据集类型：栅格。

资源负责方：中国科学院地理科学与资源研究所。

通信地址：北京市朝阳区大屯路甲 11 号。

（2）数据集说明

数据集内容说明：俄罗斯伊尔库茨克市 1∶2.5 万旅游图（2007 年）主要介绍伊尔库茨克的城市公路、铁路、河流水系、住宅用地、森林、公园、绿地、草坪、博物馆、展览中心等关于旅游的基本信息。

数据加工方法：参考俄罗斯伊尔库茨克市 1∶2.5 万旅游图，按照专题图制图标准，将纸质图集数字化，并加工整编，归档入库。由专业俄语翻译参照统一标准，对地图所展示信息及图例进行中文翻译，以满足国内读者使用。

数据质量描述：参照《国家基本比例尺地图图式 第 2 部分：1∶5 000 1∶10 000 地形图图式》（GB/T 20257.2—2017），该图在加工、整理、翻译过程中满足完整性、准确性、一致性，即保证原始图件信息完整无遗漏、翻译地图信息图例保证与原始图件准确一致，并由专业翻译及制图人员进行审校，保证数据质量严谨可靠。

数据应用成果：地图以中、俄双语形式呈现，便于国内读者使用，并可为中蒙俄地区相关科学研究提供文献参考。

（3）数据集内容

俄罗斯伊尔库茨克市 1∶2.5 万旅游图（2007 年）示意图图例见表 6-12。

表 6-12　俄罗斯伊尔库茨克市 1∶2.5 万旅游图（2007 年）图例

图例	说明
ЛИСИХА	城市组成部分名称
Мал.Топка	村镇名称
	居民住宅小区
	非居民住宅小区
	其他聚居点小区
18　80	建筑物编号
	体育场

图例	说明
	喷泉
	城市主干道
M 53	公路及其编号
	有完善路面覆盖的公路
A	有路面覆盖的公路
	非硬化公路、公路的路基和凹陷
	乡间土路
	铁路、桥梁、天桥
Кая　　　Горка	车站、停靠站点及名称
	河流、通航河流名称 河流流向、水边线标记 停靠地点、名称 岸边浅滩、岸边 陡峭的岸边 湖泊、水库、堤坝
	等高线、高度标记

续表

图例	说明
	悬崖、峭壁
	大坑、砂石场、堤坝
	森林、公园、绿地、草坪
	连片灌木丛、单独灌木丛
Cnymhuk	花园地带
	苗圃、墓地
O O O O ● O ● O ●	窄条森林、灌木丛
	沙地、砾石表面
	湿地、沼泽
	城市边界
	城市街区边界
	伊尔库茨克州行政机构
	城市行政机构
	城市街区行政机构

图例	说明
	居民社会保障机构
	税务机构
	退休基金
	军事委员会
	内务部
	警察检查站点
	联邦移民局
	检察院、法院
	民事登记处、州地址问询局
	汽车站、飞机场

图例	说明
	火车站、码头
	医疗机构
	剧院、音乐厅
	马戏、电影院
	博物馆、展览中心
	文化娱乐中心
	图书馆、宾馆
	体育馆及综合体育设施
	体育场、赛马场
	教堂
	犹太教堂、清真寺

图例	说明
	贸易中心
	市场、超市
	加油站

6.2.4　俄罗斯符拉迪沃斯托克（海参崴）1∶3 万城市旅游图（2017 年）

（1）数据集元数据

数据集标题：俄罗斯符拉迪沃斯托克（海参崴）1∶3 万城市旅游图（2017 年）。

数据集摘要：该数据为俄罗斯符拉迪沃斯托克（海参崴）2017 年 1∶3 万的城市旅游图，主要介绍符拉迪沃斯托克（海参崴）的车站、海港、码头、公园、酒店、博物馆、剧院等城市设施的信息。

数据集空间范围：俄罗斯符拉迪沃斯托克（海参崴）。

数据关键词：符拉迪沃斯托克（海参崴）、城市旅游、城市设施。

数据集时间：2017 年。

数据集格式：TIFF。

数据集类型：栅格。

资源负责方：中国科学院地理科学与资源研究所。

通信地址：北京市朝阳区大屯路甲 11 号。

（2）数据集说明

数据集内容说明：俄罗斯符拉迪沃斯托克（海参崴）1∶3 万城市旅游图（2017 年）主要介绍符拉迪沃斯托克（海参崴）的车站、海港、码头、公园、酒店、博物馆、剧院等城市设施的信息。

数据加工方法：参考俄罗斯符拉迪沃斯托克 1∶3 万城市旅游图，按照专题图制图标准，将纸质图集数字化，并加工整编，归档入库。由专业俄语翻译参照统一标准，对地图所展示信息及图例进行中文翻译，以满足国内读者使用。

数据质量描述：参照《国家基本比例尺地图图式 第 2 部分：1∶5 000　1∶10 000 地形图图式》（GB/T 20257.2—2017），该图在加工、整理、翻译过程中满足完整性、准确性、一致性，即保证原始图件信息完整无遗漏、翻译地图信息图例保证与原始图件准确一致，并由专业翻译及制图人员进行审校，保证数据质量严谨可靠。

数据应用成果：地图以中、俄双语形式呈现，便于国内读者使用，并可为中蒙俄地区相关科学研究提供文献参考。

（3）数据集内容

该数据集图例见表 6-13。

表 6-13 俄罗斯符拉迪沃斯托克（海参崴）1∶3 万城市旅游图（2017 年）图例

图例	说明
	居民住宅小区
	非居民住宅小区
	公园、森林
	墓地
ПЕРВАЯ РЕЧКА / PERVAYA RECHKA	铁路、车站
	缆车
	联邦公路
	主要街道
	其他街道
	铁路车站
	海港

图例	说明
	渡轮码头
	汽车站
78 г.Тигровая *Tigrovaya mt*	山脉、名称、高度（米）
	边疆区和城市行政机构
	疗养院
	宾馆
	招待所
	饭店
	夜店
	电影院
	剧院

续表

图例	说明
	画廊、展示厅
	博物馆
	文化中心
	游艇俱乐部
	运动中心
	网球场
	娱乐综合体
	沙滩
	纪念碑和古迹
	领事馆
	汽车租赁
	商务中心

续表

图例	说明
	医疗中心
	高等院校
	商品、贸易中心
	食品、超市、市场
	教堂、修道院

6.2.5　俄罗斯滨海边疆区 1∶120 万旅游图（2017 年）

（1）数据集元数据

数据集标题：俄罗斯滨海边疆区 1∶120 万旅游图（2017 年）。

数据集摘要：该数据为俄罗斯滨海边疆区 2017 年 1∶120 万的旅游图，主要介绍滨海边疆区的城市交通、居民点、水文地理、旅游设施等信息。

数据集空间范围：俄罗斯滨海边疆区。

数据关键词：滨海边疆区、旅游设施、交通。

数据集时间：2017 年。

数据集格式：TIFF。

数据集类型：栅格。

资源负责方：中国科学院地理科学与资源研究所。

通信地址：北京市朝阳区大屯路甲 11 号。

（2）数据集说明

数据集内容说明：俄罗斯滨海边疆区 1∶120 万旅游图（2017 年）主要介绍滨海边疆区的城市交通、居民点、水文地理、旅游设施等信息。

数据加工方法：俄罗斯滨海边疆区 1∶120 万旅游图在实地考察调研过程中收集整理而来，而后经专人标准化扫描归档，将纸质地图进行扫描转化、拼接子图块、归档入库，由专业俄语翻译参照统一标准规范，对地图所展示信息及图例进行翻译、归档。

数据质量描述：参照《国家基本比例尺地图图式 第4部分：1∶250 000　1∶500 000　1∶1 000 000 地形图图式》（GB/T 20257.4—2017），该图在扫描转化、归档整理、翻译过程中满足完整性、准确性、一致性，即扫描转化过程中保证原始图件信息完整无遗漏、翻译地图信息图例保证与原始图件准确一致，并由专业翻译及制图人员进行审校，保证数据质量严谨可靠。

数据应用成果：面向科学研究和技术服务业，可支撑环境与生态监测和社会人文科学研究。

（3）数据集内容

该数据集图例见表6-14。

表6-14　俄罗斯滨海边疆区 1∶120 万旅游图（2017 年）图例

图例	说明
⦿ВЛАДИВОСТОК Центр	滨海边疆区中心
◎НАХОДКА	城市
◉Пограничный	巾镇
○ Каэанка	村镇
	国家边界
	俄罗斯联邦州边界
	自然保护区边界
	铁路
А 370 "УССУРИ"	有完善路面覆盖的公路（联邦公路）
	有硬质路面覆盖的公路
	有碎石砾石路面覆盖的公路
	土路
	难以通行路段
⚓	海港
⚓	码头

续表

图例	说明
✈	飞机场
⊖	边境汽车通行点
✕ пер.Крумой	隘口
1854 ●г.Облачная	海拔高度
〜〜〜	河流
	运河
	湖泊
	博物馆
	旖旎风光
	疗养区
	死火山
	山洞
	考古遗迹

续表

图例	说明
	瀑布
	沙滩
	矿泉水源
	滑雪基地

6.2.6　俄罗斯后贝加尔国家公园、贝加尔湖 1∶95 万地图（2018 年）

（1）数据集元数据

数据集标题：俄罗斯后贝加尔国家公园、贝加尔湖1∶95万地图（旅游地图)(2018年)。

数据集摘要：该数据为俄罗斯后贝加尔国家公园、贝加尔湖2018年1∶95万地图（旅游地图)，主要介绍后贝加尔国家公园的市镇、村镇、生态小路、水上线路等，以及贝加尔湖的市镇、村镇等信息。

数据集空间范围：俄罗斯后贝加尔国家公园、贝加尔湖。

数据关键词：后贝加尔国家公园、贝加尔湖、旅游。

数据集时间：2018年。

数据集格式：TIFF。

数据集类型：栅格。

资源负责方：中国科学院地理科学与资源研究所。

通信地址：北京市朝阳区大屯路甲11号。

（2）数据集说明

数据集内容说明：俄罗斯后贝加尔国家公园、贝加尔湖1∶95万地图（旅游地图)(2018年)主要介绍后贝加尔国家公园的市镇、村镇、生态小路、水上线路等，以及贝加尔湖的市镇、村镇等信息。

　　数据加工方法：参考俄罗斯后贝加尔国家公园、贝加尔湖 1∶95 万地图，按照专题图制图标准，将纸质图集数字化，并加工整编，归档入库。由专业俄语翻译参照统一标准，对地图所展示信息及图例进行中文翻译，以满足国内读者使用。

　　数据质量描述：参照《国家基本比例尺地图图式 第 4 部分：1∶250 000　1∶500 000　1∶1 000 000 地形图图式》（GB/T 20257.4—2017），该图在加工、整理、翻译过程中满足完整性、准确性、一致性，即保证原始图件信息完整无遗漏、翻译地图信息图例保证与原始图件准确一致，并由专业翻译及制图人员进行审校，保证数据质量严谨可靠。

　　数据应用成果：地图以中、俄双语形式呈现，便于国内读者使用，并可为中蒙俄地区相关科学研究提供文献参考。

（3）数据集内容

　　该数据集图例见表 6-15。

表 6-15　俄罗斯后贝加尔国家公园、贝加尔湖 1∶95 万地图（旅游地图）图例

图例	说明
ИРКУТСК	居民 50 万～100 万
АНГАРСК	居民 10 万～50 万
ЧЕРЕМХОВО	居民 5 万～10 万
СЕВЕРОБАЙКАЛЬСК	居民 1 万～5 万
УСТЬ-БАРГУЗИН	居民 2000～1 万
КУНЕРМА	居民少于 2000
Карлук *Урик*	居民超过 1000
БолКоты *Турская*	居民少于 1000
ИРКУТСК	俄罗斯联邦州中心
УСТЬ-ОРДЫНСКИЙ	乌斯季奥尔登斯基布里亚特自治区中心
ШЕЛЕХОВ	区域中心
✈　⊤	飞机场、中继站
⊢▬◆▬ ТуН.	铁路、隧道
⊢▬◆▸▬	车站、停靠点、桥梁
М-55	有完善路面覆盖的公路、公路编号
	有路面覆盖的公路

续表

图例	说明
————————	非硬化公路
▮ ▮ ▮ ▮	在建公路
————————	土路
автозимник - - - - - -	冬季道路
— — ✕ — —	驮载小路、隘口
▰▰▰▰▰▰▰▰	俄罗斯联邦州边界
▰▰▰▰▰▰▰▰	乌斯季奥尔登斯基布里亚特自治区边界
┬─┬─┬─┬─┬	国家公园和自然保护区边界
	通航河流 水库、水电站大坝 其他河流、水边线标记 河流流向 码头、停靠点 等深线 湖泊、深度标记 水路及距离（公里） 水下石头、水上石头
	旅游代理机构
	旅游代理和旅行社
	游客俱乐部
	旅游基地

图例	说明
	救援服务
	宾馆
	保护区和国家公园咨询中心
	十二月党人流放地
	博物馆
	疗养胜地
	考古纪念碑
	有趣的自然景观
	矿泉泉眼
	加油站
УСТЬ-БАРГУЗИН	居民超过 2000
Баргузин	居民超过 1000

图例	说明
Максимиха	居民 100~500
Ушканьи Острова	居民少于 100
лет. Кулцное	单独院落和建筑
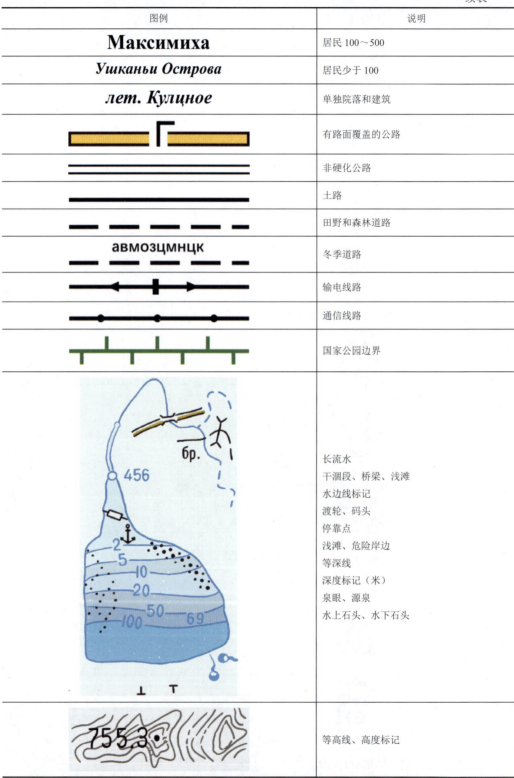	有路面覆盖的公路
	非硬化公路
	土路
	田野和森林道路
	冬季道路
	输电线路
	通信线路
	国家公园边界
	长流水 干涸段、桥梁、浅滩 水边线标记 渡轮、码头 停靠点 浅滩、危险岸边 等深线 深度标记（米） 泉眼、源泉 水上石头、水下石头
	等高线、高度标记

图例	说明
	悬崖、峭壁、采矿场
	峭壁
	石砂矿、沙地
	林间小道、幼林、采伐带、稀疏森林
	单独灌木、单独偃伏灌木、烧焦森林
	连片灌木丛、连片偃伏灌木
	很难通行湿地、可通行湿地
	医院、药店
	邮政局
	商店、市场
	咖啡店
	浴室、桑拿

续表

图例	说明
	教堂
	喇嘛寺
	博物馆
	越冬小屋
	加油站
	维修站
	国家公园护林所
	水上宾馆
	旅游基地
	宾馆
	自然纪念碑

图例	说明
	旅游宿营地
	钓鱼地点
	天然沙滩
	海豹栖息处
	名胜古迹
	后贝加尔国家公园访客中心
	国家公园控制通行点

6.2.7　俄罗斯贝加尔湖 1∶90 万旅游图（2015 年）

（1）数据集元数据

数据集标题：俄罗斯贝加尔湖 1∶90 万旅游图（2015 年）。

数据集摘要：该数据为俄罗斯贝加尔湖 2015 年 1∶90 万旅游地图，主要介绍贝加尔湖及周边区域的旅行社、旅行俱乐部、旅行营地、救援服务、酒店、博物馆、咨询中心、旅游胜地、加油站等旅游相关信息。

数据集空间范围：俄罗斯后贝加尔国家公园、贝加尔湖。

数据关键词：后贝加尔国家公园、贝加尔湖、旅游。

数据集时间：2015 年。

数据集格式：TIFF。

数据集类型：栅格。

资源负责方：中国科学院地理科学与资源研究所。

通信地址：北京市朝阳区大屯路甲 11 号。

（2）数据集说明

数据集内容说明：俄罗斯贝加尔湖 2015 年 1∶90 万旅游地图，主要介绍贝加尔湖及周边区域的旅行社、旅行俱乐部、旅行营地、救援服务、酒店、博物馆、咨询中心、旅游胜地、加油站等旅游相关信息。

数据加工方法：参考俄罗斯贝加尔湖 1∶90 万旅游地图，按照专题图制图标准，将纸质图集数字化，并加工整编，归档入库。由专业俄语翻译参照统一标准，对地图所展示信息及图例进行中文翻译，以满足国内读者使用。

数据质量描述：参照《国家基本比例尺地图图式 第 4 部分：1∶250 000　1∶500 000 1∶1 000 000 地形图图式》（GB/T 20257.4—2017），该图在加工、整理、翻译过程中满足完整性、准确性、一致性，即保证原始图件信息完整无遗漏、翻译地图信息图例保证与原始图件准确一致，并由专业翻译及制图人员进行审校，保证数据质量严谨可靠。

数据应用成果：地图以中、俄双语形式呈现，便于国内读者使用，并可为中蒙俄地区相关科学研究提供文献参考。

（3）数据集内容

该数据集图例见表 6-16。

表 6-16　俄罗斯贝加尔湖 1∶90 万旅游图（2015 年）图例

图例	说明
ИРК УТСК	居民 50 万～100 万
АНГАРСК	居民 10 万～50 万
СЕВЕРОБАЙКАЛЬСК	居民 1 万～5 万
УСТЬ-БАРГУЗИН	居民 2000～1 万
ТАНХОЙ	居民少于 2000
○ *Карлук* *Урик*	居民超过 1000
○ *Бол.Коты* *Турская*	居民少于 1000
ИРКУТСК	俄罗斯联邦州中心
УСТЬ-ОРДЫНСКИЙ	乌斯季奥尔登斯基布里亚特自治区中心
ШЕЛЕХОВ	区域中心

图例	说明
✈ ♀	飞机场、中继站
▬▬ TyH.	铁路、隧道
▬◄►	车站、停靠点、桥梁
M-55　AH-6	有完善路面覆盖的公路、公路编号
▬▬▬	有路面覆盖的公路
═══	非硬化公路
▬ ▬ ▬	在建公路
▬▬▬	土路
▬ ▬ авмозцмнцк ▬ ▬	冬季道路
	通航河流 水库、水电站大坝 其他河流 水边线标记 河流流向 港口、码头、停靠点 等深线 湖泊、深度标记 水上线路和距离（公里） 水下石头、水上石头
▬ ▬ ✕ ▬ ▬	驳载小路、隘口
▬ ▬ ▬	俄罗斯联邦州边界
▬ ▬ ▬	乌斯季奥尔登斯基布里亚特自治区边界
┿┿┿┿	国家公园和自然保护区边界

图例	说明
0　100　200　400　700　1000　глубже	深度等级（米）
	旅游代理机构
	旅游公司
	旅游者俱乐部
	旅游基地
	救援服务
	宾馆
	博物馆
	保护区和国家公园咨询中心
	12 月党人流放地
	疗养地
	考古纪念碑
	有趣的自然物体
	矿泉泉源

续表

图例	说明
	加油站

6.2.8　俄罗斯伊尔库茨克州 1∶210 万地图（2015 年）

（1）数据集元数据

数据集标题：俄罗斯伊尔库茨克州 1∶210 万地图（2015 年）。

数据集摘要：该数据为俄罗斯伊尔库茨克州 2015 年 1∶210 万地图，主要介绍俄罗斯伊尔库茨克州地形、主要河流、湖泊、居民点、公路铁路、机场等信息。

数据集空间范围：俄罗斯伊尔库茨克州。

数据关键词：伊尔库茨克、地形。

数据集时间：2015 年。

数据集格式：TIFF。

数据集类型：栅格。

资源负责方：中国科学院地理科学与资源研究所。

通信地址：北京市朝阳区大屯路甲 11 号。

（2）数据集说明

数据集内容说明：俄罗斯伊尔库茨克州 1∶210 万地图（2015 年）主要介绍俄罗斯伊尔库茨克州地形、主要河流、湖泊、居民点、公路铁路、机场等信息。原始地图由俄罗斯东西伯利亚 AGP 公司出版。

数据加工方法：参考俄罗斯伊尔库茨克州 1∶210 万地图（2015 年），按照专题图制图标准，将纸质图集数字化，并加工整编，归档入库。由专业俄语翻译参照统一标准，对地图所展示信息及图例进行中文翻译，以满足国内读者使用。

数据质量描述：参照《国家基本比例尺地图图式 第 4 部分：1∶250 000　1∶500 000　1∶1 000 000 地形图图式》（GB/T 20257.4—2017），该图在加工、整理、翻译过程中满足完整性、准确性、一致性，即保证原始图件信息完整无遗漏、翻译地图信息图例保证与原始图件准确一致，并由专业翻译及制图人员进行审校，保证数据质量严谨可靠。

数据应用成果：地图以中、俄双语形式呈现，便于国内读者使用，并可为中蒙俄地区相关科学研究提供文献参考。

（3）数据集内容

该数据集图例见表 6-17。

表 6-17　俄罗斯伊尔库茨克州 1∶210 万地图（2015 年）图例

图例	说明
● ИРКУТСК	居民超过 50 万
◉ БРАТСК	居民 10 万～50 万
◎ ЧЕРЕМХОВО	居民 5 万～10 万
○ САЯНСК	居民 1 万～5 万
⊙ АЛЗАМАЙ	居民少于 1 万
● Падун	城市偏远部分
⊙ Листвянка	居民大于 2000
○ Кунерма	居民少于 2000
∘ Раздолье	居民大于 1000
○ Турма	居民少于 1000
	通航河流 通航起始点 河港、水电站堤坝 水库 其他河流 石滩 水边线标记 码头、停靠点 湖泊 等深线 水路和距离（公里）
	湿地

续表

图例	说明
	一般铁路线
	其他铁路线
	隧道
	主干线
	已设计并在建线路
	有路面覆盖的公路
	非硬化公路
	已设计并在建线路
	冬季道路
	有路面覆盖的公路
	在建线路
	非硬化公路
	土路
	冬季道路
AH-6	亚洲国际线路
M-53	联邦线路
Ⓣ	边境公路通行站点
✈ ✈	飞机场
●921	标高
	悬崖、峭壁
200	等高线

索　引